KB121987

새내기
노동인
ㄱㄴㄷ

새내기 노동인 ㄱㄴㄷ

제1판 제1쇄 발행일 2020년 11월 13일
제1판 제2쇄 발행일 2021년 7월 17일

글 _ 손석춘
기획 _ 책도둑 (박정훈, 박정식, 김민호)
디자인 _ 채홍디자인
펴낸이 _ 김은지
펴낸곳 _ 철수와영희
등록번호 _ 제319-2005-42호
주소 _ 서울시 마포구 월드컵로 65, 302호 (망원동, 양경회관)
전화 _ (02) 332-0815
팩스 _ (02) 6003-1958
전자우편 _ chulsu815@hanmail.net

ISBN 979-11-88215-51-5 43320

철수와영희 출판사는 '어린이' 철수와 영희, '어른' 철수와 영희에게
도움 되는 책을 펴내기 위해 노력합니다.

새내기
노동인
ㄱㄴㄷ

일터에서 곧 마주칠 갑질,
슬기롭게 이겨가는 길

글 손석춘

철수와영희

씩씩하게 살아갈 무기

신입 사원.

10대와 20대에게 싱그럽고 설레는 말일 성싶습니다. 취업 전
선에서 적잖은 실패를 경험하고 마침내 최종 합격했다면, 가슴
이 더 뒤설레겠지요. 기성세대도 추억에 잠길 법한 말입니다.

'새내기 노동인'의 어감은 어떨까요. 아무래도 낯설 듯합니
다. 더러는 들그럽거나 더러는 부담감을 넘어 거부감마저 들
수 있습니다. 스마트폰으로 검색되지 않는 용어이기에 더 그렇
겠지요.

신입 사원과 새내기 노동인.

두 말이 자아내는 분위기는 사뭇 다릅니다만, 같은 뜻입니다.
대한민국에서 정규직 신입 사원 되기는 힘듭니다. 1997년 외환
위기를 맞았을 때, 미국이 주도하는 국제통화기금(IMF)의 강압

적 요구를 덜컥 받아들여 '노동 시장 유연화'란 부드러운 이름 아래 비정규직 일자리가 큰 폭으로 늘어난 결과입니다.

더구나 공들여 들어온 일터에서 자신의 '자리'를 지키기도 힘듭니다. 2020년 취업 포털 '잡코리아'가 시가 총액 상위 100개 사를 대상으로 분석한 결과는 놀랍습니다. 평균 근속 연수가 겨우 11.3년입니다. 게다가 여성은 8.8년입니다.

어떤가요. 비정규직이나 평균 근속 이야기를 하니까 '신입 사원'이란 말 못잖게 '새내기 노동인'이란 말도 살갗에 다가오지 않습니까.

이 책은 대학에 몸담고 학생들과 10년을 보내면서 젊은이들을 사회로 내보낼 때마다 찾아오는 회한으로 구상했습니다. 교수로 편하게 살며 제자들을 냉혹한 '전장'으로 보내는 먹먹함에 잠겼지요.

제가 새내기 노동인으로 첫 출근했던 날을 떠올리며 젊은이들에게 일터에서 씩씩하게 살아갈 무기를 건네고 싶었습니다. 다만 강의실에서 만나는 젊은이들의 숫자는 한정될 수밖에 없습니다. 더러는 고등학교를 졸업하고 곧장 일터에 들어가기에 더 그렇습니다.

제가 만날 수 없는 숱한 젊은이들과 소통하고 싶었습니다. 그래서 저의 대학 강의록과 저작 가운데 일터에 들어간 젊은이들이 꼭 몸에 익히길 바라는 내용을 이 책에 추리고 덧붙이며 재구성했습니다.

학창 시절에 웅숭깊은 선생을 만날 수 있었던 새내기 노동인에겐 이 책의 내용이 상식적일 수 있습니다. 하지만 대한민국 교육 제도에서 고등학교는 물론 대학, 특히 이과대나 공대, 의대 졸업생들은 처음 들을 법한 내용입니다.

익숙한 말로 책의 표제를 쓰자면 '신입 사원의 ABC'이겠지요. 한국 사회에서 '신입 사원'과 '새내기 노동인' 사이에는 '캐즘'(chasm)처럼 자리한 의식의 깊은 계곡이 있습니다. 그 절벽 사이에 다리를 놓겠다는 생각으로 이 책의 표제를 '새내기 노동인 ㄱㄴㄷ'으로 정하고 ㄱㄴㄷ에 맞춰 갑질, 노동, 대안을 짚었습니다.

이 책은 우리가 살아가는 세상을 진보 대 보수, 좌파 대 우파, 또는 특정 정파의 틀로 바라보는 안일함을 경계하고 거부합니다. 실사구시로 현대 민주주의 사회에서 살아갈 때 누구나 알고 있어야 할 상식과 교양을 담았습니다.

잠깐 잠깐 시간을 내어 부담 없이 읽도록 최대한 쉽게 썼는데요. 일터나 집에서 앞으로 미디어를 어떻게 접해야 옳은가도 짚을 수 있도록 뉴스를 구체적 예시로 들었습니다.

모쪼록 새내기 노동인들이 일터에서 곧 숱하게 마주칠 갑질을 슬기롭게 이겨내는 길에 조금이라도 힘이 되기를 소망합니다. 1970년 20대 노동인은 부익부 빈익빈 체제에서 힘겹게 살아가는 새내기 노동인들의 기본권을 보장하라며 '평화'와 '시장'을 내세운 일터에서 자신을 활활 불살랐습니다. 노동법을 지키라는 정말 소박한 요구를 위해 온몸을 불살라야 했던 시대입니다. 스물두 살 몸 그대로 노동의 어둠을 밝히는 촛불이 된 전태일 50주기를 맞아 경건한 마음으로 이 작은 책을 새내기 노동인들에게 바칩니다.

손석춘 드림

차례

ㄱ
갑질의 뿌리

ㄴ
노동의 권리

ㄷ
대안과 소통

1990년과 2050년 사이

2020년대를 맞은 한국 사회에서 '1990년대생'들을 두고 숱한 이야기들이 오가고 있습니다. 1990년대에 태어난 젊은이들이 일터에 들어서면서 그들의 태도를 두고 벌어지는 쑥덕공론입니다. 언젠가 2020년대생을 두고 '신입 사원 담론'이 나올 때는 세월이 훌쩍 흘러 시침은 2050년을 지나고 있겠지요.

언론계에서 오래 일하다가 2011년 봄부터 학계에 몸담은 저는 강의실에서 바로 그 '1990년대생'들과 만나 왔습니다. 흔히 90년대생을 일러 "스마트폰이 몸의 일부가 된 세대"라며 "더 이상 책 읽기를 할 수 없게 된 뇌를 소유했다"거나 "패배 의식에 사로잡혀 있다"고들 합니다. 그 연장선에서 젊은 세대의 꿈이 9급 공무원이 된 지 오래라고 개탄하는 사람들이 많습니다.

과연 그런가요? 이 책에서 곧 자세히 논의하겠지만 '9급 공무

원 세대'가 등장한 의미를 깊이 파악하지 못한 기성세대의 '병
맛'—맥락 없고 형편없으며 어이없음을 뜻하는 90년대생의 신
조어—에 지나지 않습니다.

대학 강의실과 학술 답사에서 20대와 소통한 저의 경험은 분
명합니다. 한국 저널리즘을 죽인 것은 언론의 주권자인 독자나
시청자가 아니라 언론사 사주들과 기자들이듯이, 대학 정신이
죽어가는 이유는 대학생들에게 있지 않습니다. 획일적 경쟁 체
제에 학생들을 가둔 교육 당국과 교수들에 있습니다.

지난 10년 강의실에서 만난 20대들은 그들의 삶에 역사적·
사회적 맥락을 설명해 주면 눈빛이 반짝였습니다. 기득권 체제
의 기둥이 된 대학 교육이 젊은 세대가 마주친 현실에 대해 역
사적·사회적 맥락을 일러 주지 않아 왔기에 그만큼 삶의 진실을
알고 싶은 목마름도 더해졌겠지요. 서울의 한 사립 대학에서 30
년 넘게 재직해 온 인문학 교수는 늦게 대학에 온 저에게 "대학
교수 80%가 체제 친화적"이라고 털어놓았습니다.

그런데 20% 교수들도 정치 경제 체제에 비판적이라기보다는
대부분 특정 정당이나 정치인을 두남두는 정파주의 틀에 갇혀
있습니다. 극소수의 체제 비판적인 교수가 있지만 경직된 사상
을 고수하고 있어 현실을 설명하는 힘이 약할 수밖에 없습니다.

그 결과입니다. 대한민국에선 대학 4년을 졸업해도 '노동삼

권'이 무엇인지 모르고 일터로 들어가는 '스마트폰 세대'가 대다수입니다. 대학 교육조차 젊은이들에게 민주주의 사회에서 살아가는 데 필요한 최소한의 교양을 온전히 교육하지 않고 있는 거죠. 그러다 보니 신입 사원이 일하는 대부분의 조직에서 '갑질'이 횡행합니다. 새내기 노동인들이 헌법과 노동법에 명문화된 자신의 권리를 도통 모르고 있기 때문이지요.

여기서 이 책의 표제와 본문에 등장하는 '노동인'이라는—대다수 독자에게 낯설 수밖에 없는—말부터 짚고 가야겠군요. 두루 알다시피 우리가 흔히 쓰는 '노동자'는 자본주의가 발생한 영어권의 'worker' 번역어입니다. 사실 '노동자'라는 말도 귀에 부드럽게 들어오지 않는데요. 박정희 정부가 '노동자'를 불온시하며 '근로자'라는 말을 강요했기 때문입니다.

정치인과 경제인은 물론 신문과 방송의 언론인들이 모두 '근로자'로 표기해 왔기에 대다수 사람들에게 '노동자'는 껄끄럽거나 차별적인 말로 정착되었습니다. 설문 조사에서도 확연히 드러납니다.

이를테면 전국 중·고교생과 학교 밖 청소년들 대상으로 벌인 조사에서 80.9%가 "'노동자'보다 '근로자'라는 단어가 더 적절한 표현"이라고 답했습니다. 청소년들은 블루칼라 직군을 노동자로 본 반면 화이트칼라는 노동자가 아니라는 인식도 드러냈는

ㄱ ㄴ ㄷ

데요(서울신문, 2019년 4월 24일자).

서울의 특성화고에 다니는 한 고등학생은 "상대적으로 지위가 높고 조금이라도 편히 돈을 벌면 근로자이고 어렵게 일하면서 적은 돈만 벌면 노동자라고 생각한다"면서 "노동자가 아닌 근로자가 되려고 공부한다"고 말했습니다. 누군가가 10대들에게 '노동자'에 대한 천시를 뼛속 깊이 스며들게 만든 거죠.

기실 '근로자'는 문자 뜻 그대로 '근면 성실하게—주어진 질서에 순종하며—일하는 사람'입니다. 독재 정권이 그 말을 애용한 이유인데요. 본디 '근로'라는 말은 일본 제국주의가 조선 민중을 강제 노역에 동원한 '근로 정신대'에서 비롯했습니다.

오늘날 일본조차 '근로자'라는 말을 쓰지 않습니다. 한자 문화권인 중국과 대만에서도 낯선 말입니다. 애오라지 대한민국만 즐겨 쓰지요. 대한민국 국회는 '근로기준법'이라는 법 명칭이 보여 주듯이 모든 법령에서 '근로자'를 공식 법률 용어로 사용하고 있습니다. 입법부인 국회가 여태 '근로자'를 고수하는 까닭이 반드시 특정 정당 탓만은 아니겠지요.

그래서 오래전부터 사회 운동 단체에서 '근로자'를 '노동자'로 바꾸자는 움직임이 일어났고 '근로자의 날'도 '노동절'로 바꾸자는 운동이 벌어졌습니다. 근로자라는 말에 담긴 의미를 살펴보면 환영할 일입니다.

다만 '근로자'를 바꾸는 운동을 벌여 나갈 때 한 걸음 더 나아갈 필요가 있습니다. '노동자'라는 말에 부정적 어감이 퍼질 대로 퍼져 있기 때문입니다. 그래서입니다. 영어 'worker'에 해당하는 우리말로는 '노동자'보다 노동하는 사람, 곧 '노동인'이 더 적실합니다. 21세기 노동 현장이 정보화·지능화되어 가는 흐름과도 이어집니다. 영어권에서 'worker'에 온통 부정적 이미지만 떠올리는 사람들이 있을까요?

대한민국에서 흔히 쓰는 말들을 떠올려 보아도 '노동인'이 타당합니다. 상공인, 기업인, 경제인이라고 쓰거든요. 그들 스스로도 잘 쓰지 않는 말이지만 '자본가'도 '가'로 끝납니다. 대한민국 법률에 '사용자'라는 말이 있지만 적어도 그 말에 부정적 어감은 없습니다.

대한민국 입법부와 행정부에 법률 용어 개선을 청원하고 기다린다면 어리석은 일이겠지요. 그들이 적극 나서기 위해서도 언론이 중요한데요. 이미 언론인들에게 '바른 이름'을 찾자고 정중히 제안했지만 전혀 관심이 없습니다.

그래서입니다. '근로자'나 '노동자'를 '노동인'으로 뿌리내려 갈 주체는 바로 '신입 사원'들, 이 책을 읽는 '새내기 노동인들'입니다. 이 책이 노동자를 노동인으로 써가는 이유입니다.

초등학교 입학 못지않은 새로운 삶의 출발점이 바로 일터에

ㄱㄴㄷ

들어갈 때입니다. 이 책은 그 새내기 노동인들에게 건네는 저의 축하 인사입니다. 초등학교 입학하는 아우에게 5~6학년 언니가 전하는 우스개가 있다지요.

"너도 좋은 시절 다 갔구나."

그런데 학창 시절과 일터는 또 다른 차원입니다. 수많은 노동인들이 일터에서 학창 시절에 향수를 지닌 채 살아가고 있거든요. 그때가 "좋은 시절"이라고 누구나 말합니다. 학교와 달리 일터는 '졸업'이 없습니다. 머리가 하얗게 될 때까지—더러는 자의든 타의든 죽는 순간까지— 벗어나기 어렵습니다. 축하와 더불어 진심으로 '애도'를 표하는 까닭입니다. 10대와 20대 내내 당신이 지나왔을 세월 또한 몹시 신산했을 터이기에 더 그렇습니다.

물론, 염세나 비관에 젖을 이유는 없습니다. 1990년대에 태어난 사람들이 일터에 들어온 2020년대에도 새내기 노동인들 남녀 사이에 싱그러운 사랑은 꽃필 테니까요. 새로운 생명들도 어여쁘게 태어나겠고요.

다만 그 새로운 세대는 학교나 일터에 들어갈 때 '너도 좋은 시절 다 갔다'는 말을 듣지 않기를 당신도 나도 바랄 터입니다. 그들이 무럭무럭 자라나 일할 2050년대는 지금과는 다른 세상이길 소망합니다.

여는 글

그러려면 지금 여기의 현실을 허투루 보아선 안 됩니다. 지금부터 2050년을 맞을 때까지 수많은 새내기들이 일터로 들어서겠지요. 지금 막 노동인이 된 새내기들에게 괜스레 무거운 짐을 건넬 뜻은 조금도 없습니다. 다만, 자신들이 출근하는 일터에서 곧 직면할 문제부터 찬찬히 짚어 볼 필요는 있겠지요. 바로 갑질입니다.

갑질의 뿌리

1

직장에 넘쳐나는
갑질

    새내기 노동인들이 첫 출근하는 일터를 이르는 말은 다양합니다. '직장'이라는 말이 가장 보편적이지요. '기업'이나 '회사'라 부르기도 합니다. 공무원들도 더러 자신의 일터를 회사라 부르더군요. 자신의 일터를 직장보다 '공장'이라고 부르는 걸 선호하는 '화이트칼라'들도 있습니다.

인류 최고의 발명품 vs 부패와 탐욕의 온상

흔히 우리는 기업—또는 회사나 공장—이 무엇인지 자신이 잘 알고 있다고 생각합니다만, 정말 그럴까요? 그렇지 않아 보입니다. 기업을 잘 알지 못하는 것은 솔직히 경제학자들도 마찬가지이거든요. 가령 2020년에 한국제도·경제학회장을 맡은 김승욱은 "과거의 경제학은 기업 이론이 매우 취약했고, 대부분의 교과서가 기업의 본질을 제대로 설명하지 못했다"고 강조했습니다.

앞으로 인생의 대부분을 보낼 기업에 대해 자신이 얼마나 정확하게 인식하고 있는지 돌아볼 필요가 있습니다. 더구나 한국 사회에선 기업을 바라보는 시각이 양극화되어 있습니다. 한쪽에선 '반기업 정서'가 강하고 다른 쪽에선 '기업 찬송'이 흘러나옵니다. 기업을 어떻게 인식하며 출퇴근할 것인지 균형 잡힌 판단이 아쉬운 이유입니다.

찬찬히 톺아볼까요. 한국인의 반기업 정서가 처음 객관적 지표로 나타난 것은 미국의 초국적 컨설팅 기업(액센츄어)이 2001년에 벌인 조사를 통해서입니다. 미국 초국적 회사가 세계 여러 나라의 '반기업 정서'를 분석하는 이유는 미뤄 짐작할 수 있겠지요.

ㄱ

22개 나라 880개 기업의 최고 경영자(CEO)들을 대상으로 '기업인에 부정적인 인식이 있다고 보는가'라는 질문을 던졌는데요. "그렇다"고 응답한 비율이 한국에서 가장 높았습니다. 70%가 나왔지요. 미국(23%)이나 일본(45%)과 큰 차이를 보였습니다.

한국인의 '반기업 정서'가 강하다는 미국 기업의 조사에 전국경제인연합, 한국경영자총협회, 대한상공회의소 세 단체는 호기라도 만났다는 듯이 조직적 대응에 나섰습니다. 초국적 기업 설문 조사에 다름 아닌 자신들이 그렇게 답해 놓고서는 '반기업 정서가 나라를 망친다'고 아우성쳤지요. 심지어 자유기업원 원장 김정호는 반기업 정서가 인간의 시기적 본성에서 출발한다고 주장했지요.

2015년 관객 1300만 명을 돌파한 영화 <베테랑>에서 재벌 3세의 오만방자한 태도가 사람들의 입방아에 오르자 어느 대기업의 임원은 언론과의 인터뷰에서 "재벌가를 악의 축으로 묘사하는 영화와 드라마 속 설정들은 자라나는 세대에게 기업에 대한 잘못된 인상을 심어 줄 수 있다"고 우려했습니다(한국일보 2016년 4월 6일).

이 책을 쓰고 있는 지금 이 순간도 '반기업 정서'라는 말은 언론에 오르내리고 있습니다. 이를테면 2020년에 들어서면서 대한상공회의소는 해마다 시민들을 대상으로 진행해 오던 '기업

호감도' 조사와 발표를 올해부터 중단하겠다고 밝혔습니다. 언론은 이를 '반기업 정서 영향으로 조사 결과가 계속 부정적으로 나왔기 때문'으로 풀이했습니다.

2020년 5월 한국경제신문은 "기업 스스로 변하는 만큼 '맹목적 反기업'도 걷어내야" 제하의 사설에서 "반기업 정서는 사리에 맞지 않을뿐더러 코로나 위기 극복에도 전혀 도움이 되지 않는다"며 다음과 같이 찬사를 이어 갔습니다.

> "열강의 시대에 총포를 앞세웠던 군대를 대신해 식량과 에너지 자원을 조달하는 것도 기업이다. 17세기 초 '동인도 회사'로 서양이 동양을 압도한 것도 주식회사 형태의 기업이 국부의 원천이 됐기에 가능했다. '마스크 대란' 와중에 원재료를 조달해 낸 것도 기업이었다."

사설은 "기업을 키워 나가는 사회, 기업을 적극 지원하는 정부"를 주장하며 "한국 같은 개방형 경제가 기업 외에 무엇에 기대어 성장할 수 있겠나"라는 물음으로 마칩니다(2020년 5월 8일).

경제지만이 아닙니다. 가령 조선일보는 "반기업 정서 팽배…기업 기 살려 어려움 풀어야" 제하의 기사(2019년 9월 30일)에서 전·현직 CEO의 주장을 담아 여론화에 나섰습니다.

ㄱ

"최근 한국은 대외 환경이 악화하는 동시에 내부에서 반기업 정서가 팽배해지는 점이 큰 문제다. 돈을 버는 건 정부가 아닌 기업이다. 사회 전반적으로 기업에 대해 다시 애정과 관심을 기울여야 한다. (…) 글로벌 시대 국가 경쟁력은 근본적으로 기업 경쟁력으로부터 출발한다. 글로벌 시장은 핸디캡이 없다. 급수도 없다. 말 그대로 무한 경쟁이다. 기업 경쟁력은 국가 경쟁력으로 직결된다. 신나게 일할 수 있는 일터가 많아져야 한다."

조선일보가 "기업의 기를 살려줘야 한다"는 기사를 편집한 그날, 중앙일보도 문재인 정부가 '반기업 정서'에 사로잡혀 있다는 주장을 기자 칼럼으로 실었습니다.

한국 사회에 퍼져 있는 반기업 정서를 인간의 시기심이나 특정 개인의 문제로 돌리며 '글로벌 경쟁'을 강조하는 사람들의 논리는 언제나 기업 예찬으로 귀결됩니다.

삼성경제연구소가 발간한 '기업 진화의 비밀'은 기업을 일러 "인류가 만들어 낸 가장 강력한 혁신의 도구"라고 주장했습니다. 나름대로 근거도 제시했는데요. 인류의 역사에서 '기업'이라는 조직의 등장은 정부·군대·교회·대학에 비해 나중의 일이지만, 석기 시대 이래로 느릿하게 전개되던 인류의 발전이 근대 이후 갑자기 빨라진 지점에 바로 기업이 있다는 겁니다. 삼성경제

연구소는 기업의 발명을 불의 발견만큼이나 혁명적이라고 소개합니다.

그런데 정반대로 기업에 근본적 의문을 던지는 단체도 있습니다. 가령 노동 운동 단체 '노동자연대'는 기업을 "신자유주의의 주요 추진자"로 규정하고 "부패와 탐욕으로 신뢰성 위기를 겪고 있는 기업들의 실체를 폭로하는 것이 더 나은 사회를 위한 사회 운동을 성장시키는 데 이바지하는 길"이라고 단언합니다.

'반자본주의 운동'을 벌이는 사람들에게 기업은 가능한 한 더 많은 돈을 벌 목적으로 이윤을 추구하는 조직일 따름이지요. 그들이 보기에 기업은 더 나은 사회를 만드는 일에 관심이 없습니다. 기업들은 경영이 조금만 어려워지면 어떻게든 임금을 깎으려 하고, 법인세 세율을 높이거나 부유세를 신설하는 데 결사적으로 반대한다는 거죠. 틈만 나면 안전과 환경 보호 관련 규제를 완화하려고 나섭니다.

기업을 '인류 최고의 발명품'으로 보거나 '부패와 탐욕의 온상'으로 보는 담론들 사이에서 적잖은 직장인들은 일터를 '목구멍이 포도청'이라는 자조 섞인 말로 이야기합니다. "월급날을 바라보며 꾹 참고 산다"고도 하지요.

ㄱ

'기업' 올바로 보기

대다수 언론은 기업 예찬 쪽에 서 있습니다. 기업, 특히 대기업들로부터 광고를 받아 신문사와 방송사를 경영하고 있기 때문이지요. 경제지는 물론 종합 일간지들도 공공연히 기업의 제1 목적은 '이윤 추구'라고 강조하며 "기업하기 좋은 나라"를 만들어야 옳다고 합니다.

더구나 세계 경제가 하나로 이어지면서 지구촌의 모든 나라가 '기업 경쟁'을 중시하고 있습니다. 기업과 시장의 자유가 국민의 삶을 좌우한다는 담론도 퍼져 갔지요.

그 결과입니다. 경제뿐만 아니라 한 국가에서 기업, 특히 초국적 기업의 비중이 커지면서 '기업에 의한 사회의 식민화' 현상마저 나타나고 있습니다. 사회학자 김동춘은 기업이 단순히 사회의 일부인 것이 아니라 오히려 '사회가 기업의 모델과 논리에 따라 재조직되는 오늘날의 사회'를 '기업 사회'로 개념화했습니다. 미국식 경제 체제가 '기업 사회'의 모델이 되었다는 거죠. 그래서 기업 사회에서 살아가는 사람들에게 자신의 존재와 처지에 대한 자각을 일깨우는 새로운 교육이 필요하다고 주장했습니다.

기업을 바라보는 시각은 얼마든지 다양할 수 있습니다. 다만 그것이 양극화되어 고정관념이 될 때, 기업을 절대 선이나 절대

악으로 단정 짓기 쉽습니다. 기업을 바라보는 현실 감각이 아쉬운 이유이지요.

기업을 절대 선 또는 절대 악으로 볼 때 현실에 주체적으로 대처할 능력을 놓치기 쉽습니다. 자칫 미래로 건너가는 다리까지 스스로 끊을 수 있습니다. 새삼 우리에게 '기업'은 무엇인가를 결연히 제기하는 까닭입니다.

과거의 경제학은 기업 이론이 매우 취약했다고 개탄한 경제학자 김승욱은 전 국민을 대상으로 기업의 중요함과 경영 능력의 희소성을 알려 줘야 한다면서 그것이 선행돼야 기업에 대한 올바른 인식이 확산될 수 있다고 주장했는데요. 그러면서 기업은 "좋은 물건을 싸게 팔면서 소비자 잉여를 극대화하고 근로자와 주주에게 각각 급여와 배당을 지급하는 것 외에도 일자리 창출 및 세금 납부 등을 통해 경제적으로 기여한다"며, 자본은 노동의 착취자가 아니라 노동의 친구라고 주장했습니다. 반기업 정서는 시장 경제와 기업에 대한 이해 부족 탓이라고 풀이합니다. 기업에 대한 '올바른 인식'을 강조했지만 결국 기업 찬미로 흐르고 있음을 알 수 있습니다.

차분한 논의를 위해 먼저 '기업'이란 말의 사전적 정의부터 짚어 보죠. 국어사전 정의는 그 언어를 쓰는 사람들 사이에 합의한 풀이라고 볼 수 있으니까요. 인문 사회 과학 분야의 학술 논문에

ㄱ

서도 개념 정의가 복잡할 때 사전 정의에서 출발합니다.

기업의 사전적 풀이는 "이익을 목적으로 생산, 판매, 금융, 서비스 따위의 사업을 하는 생산 경제의 단위체. 또는 그 사업의 주체"입니다. 누가 자본을 댔느냐에 따라 사기업, 공기업, 공사 합동 기업으로 나눕니다.

그럼 기업의 법률적 정의를 들여다볼까요. "상행위나 영리를 목적으로, 상법에 근거하여 설립된 사단 법인"입니다. 주식회사, 유한 회사, 합자 회사, 합명 회사의 네 가지가 있지요.

여기서 기업이 법인(法人)이라는 말에 유의할 필요가 있습니다. 법인은 "자연인 이외의 법률상의 권리, 의무의 주체일 수 있는 집단이나 단체"입니다. 사람처럼 기업도 법적 권리와 의무를 지닌다는 뜻이지요.

기업은 '영리 법인'으로 "이익을 얻는 것을 목적으로 하는 사단 법인, 곧, 상법상의 회사"를 말합니다. 더러 공무원들도 자신의 일터를 '회사'라 부르기도 하는데요. 과거 군부 독재나 권위주의 정부 시대에 정보 기관원들이 자신들의 신분을 은폐하려고 그 말을 즐겨 쓰면서 비롯했습니다.

하지만 공무원은 이익을 목적으로 하는 영리 법인에서 일하는 것이 아니므로 '회사'는 확연히 틀린 말입니다. 국민의 세금으로 공공 업무를 담당하고 집행하는 공무원의 정체성이 흔들리는 발상이지요.

물론, 공무원도 조직 속에 일한다는 점에서는 다르지 않습니다. 하지만 일터의 성격이 엄연히 다르지요. 공무 노동인의 일터는 처음도 끝도 공공성이고, 공무원 노동의 고갱이도 '민중을 섬기는 일'입니다.

기업은 사전적·법률적 정의 그대로 이익을 얻을 목적으로 상품과 서비스를 생산합니다. 경제학에서 '재화'와 '용역'으로 표현하지요. 영어에서 재화와 '좋음'을 뜻하는 단어가 '굿(good)'으로 같습니다. 재화의 사전적 정의가 '인간이 바라는 바를 충족시켜 주는 모든 물건'이니까 '굿'과 충분히 이어지지요. 용역은 '물질적 재화의 형태를 취하지 아니하고 생산과 소비에 필요한 노무를 제공하는 일'입니다.

상공인들은 돈을 많이 벌 목적으로 재화와 용역을 담당할 사람을 고용합니다. 상품과 서비스를 시장에 판매하여 이익을 남기는 건데요. 그 이익 가운데 일한 사람에게 임금을 주고 투자자들에게 배당금을 주며 재투자와 사내 유보를 합니다. 물론 국가에 세금도 냅니다.

기업은 생산과 판매의 재생산 과정이 잘 이뤄질수록 성장합니다. 기업이 커지면 기업인이 누리는 이익도 빠르게 부풀어 가겠죠.

ㄱ

하지만 기업이 성장하는 과정에는 상품과 서비스를 생산한 노동인들과 그것을 소비하는 사람들이 크게 기여합니다. 그 점에서 기업은 수많은 사람들이 함께 키워 내는 조직입니다.

그래서 기업을 실사구시로 바라보아야 합니다. 기업을 '인류 최고의 발명품'이라고 찬양하거나 '인류 최악의 발명품'으로 적대시하기보다는 무엇보다 먼저 기업의 현실을 직시하고 앞으로 어떤 기업을 만들 것인가에 초점을 맞춰야 합니다.

다만 그때도 현실부터 정확히 인식해야겠지요. 두루 알다시피 삼성전자와 현대자동차는 한국을 대표하는 브랜드입니다. SK와 LG, 포스코도 한국의 대표적 기업들이지요. 그 대기업들이 없다면 오늘날의 한국 경제 규모는 사뭇 다를 터입니다. 한국의 수도인 서울의 풍경도 지금과 다르겠지요.

삼성을 비롯한 한국의 대기업들에 대해 존재 자체를 적대시하는 관점은 비현실적입니다. 삼성, 현대, SK, LG를 비롯한 대기업들은 앞으로 '통일 한국' 시대가 열리더라도 중요한 경제적 자산이 될 수 있거든요.

다만 그렇게 되기 위해서라도 대기업의 현실을 있는 그대로 들여다볼 필요가 있습니다. 기업에 친화적인 언론사들도 모르쇠를 놓을 수 없을 만큼 기업인들의 불법 행위가 종종 도마에 오릅니다. 신문과 방송들은 "마약을 투약하고 해외에서 밀반입한 혐의로 구속 기소된 CJ그룹 회장의 장남"이 집행 유예를 선고받고 석방된 사실을 다음과 같이 보도했습니다.

인천지법 형사12부(송현경 부장 판사)는 24일 열린 선고공판에서 마약류 관리에 관한 법률 위반 혐의로 구속 기소된 이 씨에게 징역 3년에 집행 유예 4년을 선고했다고 밝혔다. (…) 이 씨는 지난달 1일 미국 LA에서 대한항공 항공기를 타고 인천공항으로 입국하면서 자신의 수하물과 백팩에 변종 마약인 액상 대마 카트리지 20개와 대마 사탕 37개, 대마 젤리 130개를 밀반입한 혐의로 기소됐다. (…) 이 씨의 아버지인 이재현 CJ그룹 회장은 삼성그룹 창업주인 고 이병철 회장의 장손으로 고 이맹희 CJ그룹 명예 회장의 아들이다(경향신문, 2019년 10월 25일).

마약 밀반입이나 상습 흡연 혐의로 삼성그룹 창업주 이병철의 장손만 물의를 일으킨 것은 아닙니다. 이병철의 장손이 마약 혐의로 재판받을 즈음 현대와 SK를 창업한 정주영과 최종현의 후손도 법망에 걸려들었습니다. 같은 시기에 남양유업 창업자의 외손녀까지 필로폰 투약 혐의로 구속된 사실에 비추어 대기업 창업자의 3, 4세 남녀들에게 마약이 보편화해 있다는 합리적 의심을 던질 수 있습니다.

ㄱ

이미 1970년대에도 '7공자 사건'이 상징하듯이 대기업 2세들의 마약과 향락적 생활은 충격을 주었는데요. 그 흐름이 3세와 4세로 이어진다고 볼 수 있겠지요.

문제의 핵심은 창업주 2세가 그랬듯이 바로 그들 3세, 4세들이 대기업의 '최고 의사 결정권'을 세습하는 데 있습니다. 한국 경제는 대기업 의존도가 높기 때문에 그들이 흔들릴 때 곧장 국민 전체의 경제생활에 영향을 끼칠 수 있습니다.

대기업만이 아닙니다. 한국은 중소기업도 거의 세습 체제이지요. 아무런 능력이 검증되지 않은 채 기업을 세습한 2세 또는 3, 4세들이 피라미드 정점에서 지배하는 조직에 새내기 노동인들은 맨 밑변으로 들어가는 꼴입니다.

법 앞의 평등은 일터에선 가뭇없이 사라집니다. 피라미드 정점에 머무는 기업 소유주들—한국 사회에선 '금기어'처럼 되어 있지만 사실 그대로는 '자본가'들—과 그들 가족이 저지른 '갑질'이 2020년대를 앞두고 잇따라 불거지며 공분을 샀습니다.

'갑질'은 외국 언론에서도 영어표기 'Gapjil'로 보도할 정도로 '국제적 눈길'을 끌었는데요. 국어사전은 '상대적으로 우위에 있는 자가 상대방에게 오만무례하게 행동하거나 이래라저래라 하며 제멋대로 구는 짓'으로 풀이합니다.

사전 풀이대로 갑질은 여러 인간관계에서 무시로 저질러집니다. 신문과 방송에 잊을 만하면 교수나 언론인, 종교인, 문학예술인, 공무원들의 갑질이 보도되지요. 여성을 상대로 한 성적 갑질은 세계적으로 '미투 운동'까지 낳았습니다.

흔히 보수 언론으로 꼽히는 동아일보의 논설위원 신연수는 '을의 반란이 시작됐다'는 칼럼(2020년 7월 23일자)에서 "남녀 차별이 비교적 적다는 언론사들에서도 과거 젊은 여기자들은 회식 때 부장이나 임원, 출입처의 장 옆에 앉아야 했고, 노래방에 가서 상사들과 블루스를 춰야 한 적도 있다"고 밝혔습니다. 칼럼은 딱히 "성 문제에만 초점을 맞출 일이 아니다. 직장 갑질에 관대한 문화가 근본"이라며 "피라미드 같은 계급 사회에서 사장은 임원의 정강이를 걷어차고, 임원은 과장의 머리를 결재판으로 내리치며, 과장은 직원에게 '치마 입은 다리가 예뻐' 하며 희롱하는 것이 한국 사회"라고 비판했지요. 언론 자유를 중시하는 언론사마저 "아랫사람이 윗사람에게 할 말을 못 하는 분위기, '중요한 일'을 하는 윗분의 심기를 보좌하기 위해 아랫사람이 참아야 한다는 분위기"가 지배할 때, 이윤 추구를 목적으로 하는 기업 조직에서 갑질이 얼마나 횡행할지 충분히 헤아릴 수 있습니다.

ㄱ

국제적 망신 "법 위의 한국 재벌"

일터에 들어선 새내기 노동인들도 언젠가 갑질과 만나게 됩니다. 가깝게는 자신보다 몇 년 앞서 일터에 들어온 노동인으로부터 갑질을 당하기도 합니다. 새내기 노동인들은 자신이 몇 년 뒤 그처럼 어이없는 갑질을 벌이는 사람이 되지 않도록 스스로 경계해야겠지요.

그런데 모든 갑질 가운데 가장 지속적이고 심한 언행은 '자본의 갑질'입니다. 일터에서 자본의 위압적 작태는 어제오늘의 일이 아닙니다만 그것이 사회적 쟁점으로 불거진 계기는 대한항공 조양호 회장의 딸이 저지른 '물컵 갑질'이었습니다. 2018년 서른다섯 살의 전무이사인 그녀는 대한항공 본사에서 광고 업체 팀장에게 괴성을 지르며 유리컵을 던지고 종이컵에 든 매실음료를 참석자들에게 뿌려 댔습니다. 그녀는 '땅콩 회항'으로 국제적 눈총을 받은 부사장의 동생입니다. 조양호 회장의 맏딸인 부사장은 2014년 12월 뉴욕발 대한항공 1등석에서 승무원이 땅콩 봉지를 뜯지 않고 건넸다는 해괴한 이유만으로 모욕적인 언행을 서슴지 않았습니다. 그도 모자라 이륙하려고 활주로로 이동하던 항공기를 되돌려 수석 승무원인 사무장을 비행기에서 강압적으로 내리게 했지요.

부사장의 갑질로 당시 같은 비행기에 탑승했던 250여 명의 승객들은 까닭도 모른 채 출발이 지연되는 불편을 겪었습니다. 게이트를 떠난 항공기가 다시 돌아옴으로써 국제적으로도 큰 논란을 빚었습니다. 미국 신문 월스트리트저널과 영국 일간지 가디언은 "땅콩 분노(nuts-rage)로 조사를 받게 된 대한항공 임원"이라는 제목으로 기사를 실었지요.

네티즌의 분노를 샀던 그녀의 행태가 3년이 지나며 잊힐 즈음에 동생인 전무가 다시 갑질에 나선 셈입니다. 곧이어 두 자매의 어머니마저 갑질을 벌이는 영상이 온라인에 공개됐습니다.

회장 조양호의 아내이자 일우재단의 이사장인 이명희는 호텔 증축 공사장에 등장해 폭언과 손찌검을 했고, 자택 개축 공사 노동인들에게도 욕설을 퍼부으며 폭행했습니다. 그녀는 아버지가 박정희 정부의 교통부 차관을 지낼 때 조양호와 결혼했습니다. 교통부는 대한항공의 관리감독 기관이자 인허가 기관이었습니다. 아버지 이재철은 교통부 차관에서 물러나자마자 사돈이 재단을 소유한 인하대학의 총장 자리를 차지했지요.

조양호가 미국 병원에서 갑작스레 지병으로 숨지면서 2020년에 대한항공과 계열사들을 물려받은 아들 조원태도 언론의 눈길을 모았습니다. 뺑소니 운전에 70대 할머니를 폭행하며 폭언을 퍼부어 경찰에 입건된 전력이 있고 뒤늦게 인하대 부정 편

ㄱ

입학이 드러나 학위를 취소당했습니다. 그의 장인은 중앙정보부장과 국회의원을 지낸 김재춘의 아들로 교수입니다.

대한항공 가족들의 갑질이 도마에 오르자 용기를 낸 노동인들의 증언이 잇따랐습니다. 대형 제약 회사인 대웅제약에서 벌어진 일인데요. 회장이 노동인에게 "정신병자 XX 아니야. 이거? 야. 이 XX야. 왜 그렇게 일을 해. 이 XX야. 미친 XX네"라며 욕설을 내뱉는 녹취록이 공개됐습니다. 그는 창업주의 2세로 검사 생활을 하다가 대웅제약의 경영을 맡았지요.

자본의 갑질이 인터넷에서 공분을 일으키며 퍼져 가자 억눌렸던 노동인들의 호소가 봇물 터지듯 쏟아졌습니다. 노동 시민 단체와 전문가인 노무사들이 연대한 '직장 갑질 119'는 문을 열고 6개월 만에 1만 1938건의 '갑질' 제보를 접수했습니다. 하루 평균 66건꼴입니다.

일터에서 얼마나 많은 갑질이 있었는지 단적으로 드러내 준 통계이지요. 새내기 노동인들 또한 언제 어디서 갑질을 만날지 모른다는 뜻입니다.

사실 홍수처럼 쏟아진 갑질 고발에 가장 성찰해야 할 주체는 언론입니다. 평소 언론이 경제 권력인 자본을 감시하지 못해 빚어진 결과이니까요.

물론, 신문과 방송들이 늘 모르쇠만 놓아온 것은 아닙니다. 하지만 사건이 공분을 일으킬 때 잠깐 일회성으로 보도하는 데 그쳤지요. 바로 그래서 자본의 갑질은 불쑥 튀어나왔다가 망각되기 일쑤였습니다.

SK그룹 회장의 사촌 아우가 고용인을 야구 방망이로 실컷 두들겨 팬 야만이 대표적입니다. 영화 <베테랑>의 소재가 된 사건이지요. 대기업 창업자 자손들이 노동인들을 어떻게 바라보고 있는지 극명하게 드러난 사건이기에 사실 그대로 정확히 기억해 둘 필요가 있습니다.

SK를 창업한 고 최종현의 조카로 물류 회사 M&M의 사장을 맡고 있던 그는 다른 회사를 합병하는 과정에서 노동인들에게 화물 노조를 탈퇴하고 앞으로도 가입하지 않겠다는 각서를 받았습니다. 그러자 화물 노동인 유 아무개 씨가 노조 탈퇴를 거부하고 본사 앞에서 1인 시위를 벌였지요.

M&M은 유 씨의 탱크로리 차를 인수해 주겠다며 그를 사무실로 오라고 연락했습니다. 유 씨가 들어서자 그를 기다리고 있던 M&M 통운 임직원 관계자들이 자리한 가운데 최 사장이 야구 방망이를 들고 나타났습니다.

마흔한 살의 사장은 쉰한 살의 노동인을 무릎 꿇린 뒤 '엎드려뻗쳐'를 시키고 알루미늄 방망이로 열 대를 가격했습니다. 한 대에 100만 원이라고 했지요. 죽을 것 같은 고통에 50대 노동인은

ㄱ

"살려 달라"고 애원했습니다.

하지만 야구 방망이 구타는 계속됐습니다. 유 씨는 그 공포의 순간들을 증언했습니다.

"너무 힘들고 그래서 제가 뭐 반항하는 것보다는 살려달라고 애원을 했죠. 열 대 맞고 나서 안 맞으려고 몸부림을 치니까, 그 때부터는 최 사장이 지금부터는 한 대에 300만 원씩 하겠다. 그러면서 세 대를 힘껏 가격했어요."

사장의 폭력은 거기서 머물지 않았습니다. 최 사장은 두루마리 휴지를 노동인의 입에 물리고 주먹으로 얼굴을 때려 살점이 떨어져 나갈 정도였습니다. 그 야만의 자리에는 7~8명의 회사 간부들이 있었습니다. 모두들 지켜보고만 있었지요. 유 씨가 살려달라고 애원하는데도 최 사장의 야만을 말리는 사람은 한 명도 없었습니다.

이윽고 폭행이 끝나자 최 사장은 '매 맞은 값' 2000만 원을 현장에서 수표로 던지듯 주고 탱크로리 차량을 인수한 5000만 원은 통장으로 입금했습니다.

행여 새내기 노동인들 가운데 '맷값 2000만 원'에 마음이 흔들리는 사람은 없겠지요. 매 맞은 유 씨가 회사 쪽에 전화를 걸어 사과를 요구하자 '간부'라는 사람이 "2000만 원어치도 안 맞았다"며 욕설을 퍼붓기도 했습니다.

갑질의 뿌리

그런데 더 놀라운 사실이 있습니다. 야구 방망이로 폭행한 뒤 맷값이라며 2000만 원을 건넨 최 사장은 1인 시위로 업무상의 손실을 봤다며 유 씨를 상대로 2000만 원 손해 배상 청구 소송을 냈습니다. 회사 간부들이 유 씨에게 쏘아 댄 "바보 멍청이"라는 욕설처럼 철저히 농락하는 작태가 아닐 수 없습니다.

다행히 공영 방송인 문화방송(MBC)이 사건을 보도했습니다. 방송을 본 누리꾼들은 트위터에 격한 분노를 쏟아냈지요. 포털마다 검색어 순위 1위에 올랐고 "우리가 이런 나라에 산다", "돈만 있으면 다 되는 더러운 세상", "내가 살고 있는 곳이 대한민국이 맞나?" 등등의 댓글이 이어지며 최 사장의 행태에 제보가 잇따라 후속 보도가 나왔습니다.

최 사장은 "눈 오는 날 교통 체증으로 지각한 직원들에게도 '엎드려뻗쳐'를 시켰고 곡괭이 자루나 삽자루로 폭행했다"거나 "중견 간부조차 골프채가 부러질 정도로 맞았다"는 증언이 이어졌습니다. 심지어 가끔 사냥개 도베르만을 사무실에 데려와 여직원에게 "요즘 불만이 많다며?"라고 말하면서 개 줄을 풀고 "물어"라고 명령하며 위협했다는 증언도 방송 전파를 탔습니다. 서울방송(SBS)도 뉴스에서 최 사장이 "자신이 살던 아파트의 아랫집 주부 김 모 씨가 층간 소음 문제로 경비실에 불만을 제기하자 남자 세 명과 함께 알루미늄 야구 방망이를 들고 집을 찾

ㄱ

아갔다"고 보도했습니다. 결국 경찰이 출동해 소동이 일단락됐지만 김 씨는 신변에 위협을 느껴 이사했습니다. 사건을 담당했던 해당 파출소는 '상호 다툼'으로 처리하고 본서에는 보고조차 하지 않았지요.

미국 유력 일간지 LA타임스는 국제면 머리기사로 "한국 재벌들은 마치 법 위에 있는 것처럼 행동한다" 표제 아래 '야구방망이 폭행' 사건을 대대적으로 보도했습니다(2010년 12월 1일자). LA타임스 기사는 재벌의 한국어 발음을 그대로 사용하며 'chaebols'들이 한국 사회에서 어떤 특혜를 받는지 상세히 보도했지요. 김승연 한화그룹 회장이 자신의 아들을 때린 술집 종업원을 찾아가 보복 폭행했지만 결국 사면받은 사건, 이건희 전 삼성전자 회장의 사면도 구체적으로 소개했습니다. 신문은 "한국전쟁 이후 경제 성장에 대한 강박 관념에 재벌이 경제 성장을 위해 반드시 필요한 부분이라고 생각해 재벌에 대한 엄격한 처벌을 하지 않는 분위기"가 있으며 1960년대 군사 정권 아래에서 번성하기 시작한 재벌들 스스로의 자정 능력이 사라졌다고 분석했습니다.

여론이 악화되면서 구속된 최 사장은 재판을 받았습니다. 서울 중앙지법은 '위험한 물건을 사용하여 우월적인 지위와 다수인을 내세운 사적 보복'에 대해 '폭력 행위 등 처벌에 관한 법률'

위반(집단 흉기 등 폭행)을 적용해 징역 1년 6개월의 실형을 선고했습니다. 재판 과정에서 그가 맷값으로 지불한 2000만 원은 회사의 돈이었기에 '업무상 횡령죄'도 적용됐습니다.

여론이 수그러들면서 상황은 달라졌습니다. 항소심은 원심을 깨고 징역 1년 6개월에 집행 유예 3년을 선고하며 풀어 주었는데요. 재판부는 "피해자와 합의한 점과, 이번 사건으로 사회적 지탄을 받은 점을 고려했다"고 밝혔습니다.

최 사장의 행태는 그렇게 잊혀져 갔습니다. 현대그룹 정주영의 손자인 현대BNG스틸 사장이 자신의 운전기사를 평균 18일 꼴로 교체한 갑질도 망각되었지요. 대림산업 부회장이 운전기사를 상습적으로 폭언·폭행한 일도 마찬가지입니다. 해고된 운전기사가 "가장 속상했던 건 사람을 종이컵보다 더 쉽게 버린다"고 한 말도 묻혔습니다. 이 부회장은 기사가 일하는 상태에서도 예비 기사를 늘 모집했고 예비 기사가 마음에 들면 사전 통보 없이 바로 잘랐습니다.

주목할 것은 그들이 습관성으로 갑질을 일상화했으면서도 버젓이 거짓말을 했다는 점입니다. 그들 앞에 이른바 '노블레스 오블리주'를 들먹이기가 차라리 민망할 정도이지요.

가령 대한항공 회장의 아내가 저지른 갑질이 언론을 통해 알려질 때 그녀에게 당했다는 피해자가 경찰 조사에서 10여 명 넘

ㄱ

게 나왔습니다. 그녀는 한진그룹 계열사 전·현직 임직원과 운전 기사, 가사 도우미들에게 무시로 폭언과 폭행을 했습니다. 그녀는 끝까지 법망을 의식해 "욕은 했지만 때린 적은 없다"고 의혹을 전면 부인했습니다. 하지만 곧 거짓말임이 드러났지요. 수행 기사가 제보한 영상에서 그녀는 거침없이 "제대로 해. 이 개XX 야"라며 고성을 질러댑니다. 수행 기사는 그녀의 "폭행은 하루에 한 번이 될 수도 있고 이틀에 한 번이 될 수도 있었다. 얼굴에 침을 뱉기도 했고 아랫사람들은 사람대접을 받기 어려웠다"고 진저리를 쳤습니다.

대웅제약 회장도 네티즌의 비판 여론이 빗발치자 상처받은 사람들에게 죄송하다고 사과를 하면서도 상습적인 욕설이나 폭언은 없었으며 폭언을 견디지 못해 회사를 그만둔 사람도 없다고 주장했습니다. 하지만 회장의 언어폭력을 견디지 못하고 퇴사한 사람이 최근 2~3년에 100명에 이른 것으로 알려졌습니다. 모두 국민을 우롱하는 새빨간 거짓말입니다.

언론이 노사 관계를 언제나 자본 편향으로 보도해 오면서 자본은 누구의 눈치도 보지 않아 왔습니다. 언론의 책임은 비단 저널리즘에 머물지 않습니다.

'꿈의 직장' 구글의 파업

'드라마 공화국'이라 불릴 만큼 텔레비전 황금 시간대는 모두 연속극이 차지하고 있지요. 대다수 드라마가 대기업 회장과 부자 가족들을 미화하거나 선망케 합니다. 하지만 호감을 주는 탤런트가 연기하는 재벌 2세나 3세들의 언행은 현실과는 큰 거리가 있습니다.

기업 현실을 직시할 때 과연 어느 경제학 교수처럼 '자본은 노동의 친구'라고 주장할 수 있을까요? 그런 시각으로 '전 국민 대상의 경제 교육'을 하는 것은 전경련이나 경총, 상공회의소가 할 일이지 대학에서 경제학을 가르치는 교수의 몫은 아니겠지요.

물론, 이윤 추구를 목표로 하는 자본의 문제점이 한국에서만 불거지는 것은 아닙니다. 자본주의 체제에서 보편적 현상이라고 볼 수 있습니다.

지구촌의 모든 나라, 모든 신입 사원들에게 '꿈의 직장'으로 통하는 기업이 있지요. 구글입니다. 끝없는 혁신으로 세계인들의 주목을 받아온 글로벌 IT 기업이지요. '공짜 식사'를 비롯해 사무실 내 미끄럼틀, 직장 내 보육, 투명성 등 직장인들이 선망하는 혜택과 정책으로 새로운 일터 문화를 만들었다는 평가를 받았습니다.

ㄱ

그런데 미국을 대표하는 신문 뉴욕타임스는 2019년 11월 20일 구글이 반노조 컨설팅 업체인 IRI컨설턴트와 계약을 맺었다고 보도했습니다. IRI컨설턴트는 계약 기업의 경영진과 노동인 사이의 갈등 관리를 지원한다는 명분 아래 노조 설립 시도를 막는 방법을 알려 주는 기업입니다. 주로 노동조합에 부정적인 이미지를 주입하는 방식을 선호합니다.

구글의 IRI컨설턴트와의 계약은 내부에 노사갈등의 골이 깊어가고 있다는 방증이겠지요. 노사갈등이 외부에 처음 드러난 것은 2018년 11월 세계 전역의 구글 직원들이 동맹 파업을 벌이면서였습니다. 2만여 명이 참여해서 짧은 파업으로 끝났지만, 미국의 과학 기술 업계에서 처음 벌어진 대규모 쟁의 행위였지요.

'꿈의 직장'에서 파업이 일어난 직접적 계기는 구글 안드로이드를 창안한 앤디 루빈의 상습적인 성추행입니다. 그런데 구글이 그가 회사를 떠나는 조건으로 9000만 달러(1058억 8500만 원)를 지급했다는 사실이 밝혀졌습니다. 구글 직원들은 더는 참을 수 없었습니다. 이미 기업 전반에 걸쳐 성차별, 인종 차별, 기회 불평등이 퍼져 있었기 때문입니다. 당시 구글 전체 직원의 약 70%가 남성이며, 53%가 백인이었지요. 기술을 다루는 직원들 가운데 흑인은 2.5%, 라틴계는 3.6%였습니다. 임원 비율도 남녀가 74.5%와 25.5%로 차이가 컸습니다.

기업 윤리의 문제도 도마에 올랐습니다. 구글이 미 국방부의 군사 프로젝트에 AI 기술을 제공하기로 계약한 사실이 문서가 유출되면서 드러났는데요. 구글은 드론이 촬영한 영상을 AI로 분석하는 기술을 국방부에 제공키로 했습니다.

하지만 구글 직원들은 군사 작전에 구글의 AI 기술이 사용되는 것은 비윤리적이라고 반발했습니다. 군사적·정치적 사용 자체를 반대한 일부 AI 기술 인력은 사표까지 던졌지요.

구글은 결국 군사 프로젝트 계약의 연장을 포기했지만 이번에는 중국 전용 검색 엔진인 '드래곤플라이'의 개발 논란까지 터졌습니다. '드래곤플라이' 프로젝트는 구글이 중국 정부의 검열 정책에 맞춰 검색 엔진을 제공한다는 계획입니다. 가령 '신강'이나 '티베트'처럼 독립운동이 벌어지는 단어라든가 '천안문 광장 학살'과 같은 특정 단어의 검색을 아예 차단하는 기능이 더해진 거죠. 구글이 중국 시장에 진입하려는 경영 전략입니다.

구글은 안팎에서 비판이 일자 CEO가 미국 청문회에 나가 "지금 당장은 검색 엔진을 론칭할 계획이 없다"고 밝혔지만 여전히 내부에선 개발되고 있다는 의심이 불거지고 있습니다.

더구나 미국 CNN 보도에 따르면 구글은 2019년 11월 회사 데이터 보안 규정을 위반했다는 이유로 직원 4명을 해고했습니

ㄱ

다. 구글이 미 관세국경보호청(CBP)과 일한다는 사실을 폭로한 직원들이었지요.

구글 직원 200여 명은 곧장 항의 집회를 열고 복직을 요구했습니다. 집회를 주도한 구글 소프트웨어 기술자 암 가버는 트위터에 "'구글이 국경에서 아이들을 가두는 일 등을 돕고 있느냐'고 질문했다는 이유로 내 동료 네 명이 방금 해고당했다"는 글을 올렸습니다. 그는 해고된 직원들이 공개된 정보를 찾아내 동료들에게 그 끔찍한 소식을 알렸을 뿐이라고 밝혔지요. 항의 시위를 조직한 직원들도 성명을 내고 "구글이 해고를 통해 법적으로 보호되는 결사에 관여한 직원들에게 불법적 보복을 강화하고 있다"며 이는 정보 기술(IT) 업계판 전형적인 노조 파괴라고 비판했습니다.

하지만 구글 경영진은 직원 네 명이 정상적인 업무 수행 과정에서 다른 직원들의 업무 스케줄이나 문서를 본 게 아니라 조직적으로 다른 직원들의 문서와 업무 내용을 뒤졌다며 복직 요구를 받아들이지 않았습니다.

구글은 '세상에서 가장 일하고 싶은 직장'으로 손꼽혀 왔습니다. 바로 그 일터에 '반노조 활동에 관여한 컨설팅 업체'가 활동에 나선 것입니다.

구글의 사례는 세계적으로 아무리 빛나는 기업도 어둠이 있다는 사실을 새삼 깨닫게 해줍니다. 어떤 기업도 노동조합을 본능적으로 싫어하는 자본의 생리에서 자유롭지 못하다고 볼 수 있습니다.

하지만 그렇다고 해서 차이까지 애써 무시할 이유는 없습니다. 유럽의 기업들에선 한국의 기업들처럼 유난히 황당한 갑질이 횡행하지 않는 것도 엄연한 사실이거든요.

그렇다면 왜 그런 차이가 나타날까요? '한국 재벌은 법 위에 있다'는 미국 언론의 국제 뉴스가 지구촌에 퍼지며 국가적 망신이 될 만큼 왜 대한민국에선 갑질이 난무하는 걸까요? 언젠가 새내기들에게 불쑥 다가올 갑질에 슬기롭게 대처하기 위해서라도 꼭 짚어 보아야 할 문제입니다. 다음 장에서 톺아보지요.

ㄱ

2

상공인들의
혁명

한국에서 반기업 정서가 높은 이유는 무엇일까요? 기업이 관심을 갖자 여러 교수들이 연구물을 내놓았습니다. 멀리 거슬러 올라가 조선 시대의 사농공상(士農工商) 의식에서 반기업 정서의 원인을 '발견'한 교수들이 하나둘 나타났지요. 전경련과 경총, 상공회의소가 그들의 주장을 뒷받침해 주고 신문과 방송도 적극 홍보했습니다.

콜럼버스, 부를 찾아 떠나다

무릇 어떤 현상에 역사적 맥락을 살피는 것은 언제나 중요합니다. 다만 정확히 짚어야 합니다. 역사적으로 기업이 어떻게 등장했는지부터 촘촘히 살펴보아야겠지요.

상업과 공업에 대한 천시는 비단 조선만의 전통이 아니었습니다. 중세 유럽에서도 부를 쌓아가는 행위가 권장받지 못했거든요. 농업에 기반을 둔 중세를 지배한 기독교는 부의 축적을 죄악시했습니다. 사회학자 막스 베버는 중세를 지배한 가톨릭과 달리 '프로테스탄트 윤리'는 부의 축적을 구원의 예정된 증표로 삼았다며 그것이 '자본주의 정신'이라고 설명했습니다. 다만, 베버도 그 부의 축적이 본인의 근면과 노력으로 이뤄질 때를 전제하고 있습니다.

중세 유럽도 부를 죄악시한 만큼, 오늘날의 한국에 반기업 정서가 강한 이유를 사농공상의 전통에서 찾는 것은 설득력이 약합니다. 더구나 조선 후기의 실학자들은 상공업 진흥을 적극 주장했거든요.

따라서 조선의 양반들이 상공인들을 천시해서가 아니라 대한민국의 상공인들이 일상적으로 갑질을 해오며 군림해 온 태도에서 반기업 정서의 원인을 찾아야 옳습니다. 다만 그렇게 볼 때

ㄱ

도 그 뿌리가 어디에 있는지 역사적 내력을 짚어야겠지요.

기업이 역사적 존재라는 뜻은 과거에는 없다가 어느 시점에 생겨난 존재라는 뜻입니다. 유럽이든 아시아든 중세 시대까지 상업과 수공업은 대체로 개인들 사이에 오가는 거래 수준이었습니다. 사람들은 직접 만나 물건을 바꾸거나, 시장에 나가 물건을 팔고 샀지요. 전쟁이 일어나면 출전하는 병사들에게 전쟁 물품을 만들어 제공했습니다.

토지는 제한되어 있고 인구가 늘어나면서 상인과 수공업자들이 점점 늘어났습니다. 규모가 커지면서 개인이 혼자 일하기보다 여러 사람들이 자본을 모아 사업을 벌이기 시작했지요. 바로 그것이 오늘날의 기업과 자본주의 사회의 기원입니다.

상공인들의 힘이 커져 가며 마침내 근대 사회가 열리고, 유럽이 동아시아를 누르며 세계사를 이끌어 가게 되는데요. 그 과정에 기업을 만들어 부를 쌓은 상공인들의 혁명이 있었다는 사실을 새길 필요가 있습니다.

유럽 상공인들이 세력을 키워 가는 과정에서 결정적 전환점은 그들이 유럽 밖에서 저지른 가공할 약탈이었습니다. 흔히 '지리상의 발견'이라는 우아한 표현으로 설명하고 있지만 실상은 전혀 그렇지 않았습니다.

콜럼버스나 마젤란이 항해 개척에 나선 목적은 '탐험 정신'이나 '여행'이 아니었습니다. 상공인들처럼 부자가 되려는 욕망이었지요.

유럽인들에게 상업을 부추긴 직접적 계기는 향료와 비단, 도자기가 그들 사회에 처음 선보이면서였습니다. 유럽의 왕국들이 '십자군'을 조직해 이슬람 왕국들을 침략했을 때 그들을 따라간 상인들이 들여온 것이지요.

유럽인들은 향료에 폭발적 반응을 보였습니다. 대표적인 '상품'이 후추입니다. 후추는 유럽인들의 주식인 고기에서 누린내를 없애 날개 돋친 듯 값이 뛰었습니다. 후추 값이 같은 무게의 금과 거래될 정도였기에 상인들은 너도나도 '동양'을 가려고 했지요. 우리가 오늘날 알고 있는 무역의 시작입니다.

부자가 되고 싶은 상인들이 동양에 관심이 커져 갈 때, 베네치아의 상인 마르코 폴로가 중국(몽고가 세운 원나라 시절)에 다녀와서 『동방견문록』을 출간했습니다. 마르크 폴로는 인도 해안에 있는 왕국에서는 후추가 밀처럼 흔하다며 그 왕국의 왕은 머리부터 발끝까지 진주로 치장했다고 서술했습니다. 중국보다 더 동쪽 끝으로 가면 '황금의 나라'가 있는데 그 섬나라의 궁전 하나하나는 순금으로 되어 있다고도 썼지요. 궁전 안에 있는 방들도 모두 손가락 둘 두께의 순금으로 깔려 있다고 기록했습니다.

견문록이 아니라 공상 소설에 가깝습니다. 하지만 '황금의 나라'가 있다는 '증언'은 부를 좇는 숱한 유럽인들을 자극했습니다. 일단 후추가 밀처럼 흔하다는 인도만 가더라도 큰 부자가 될 수 있으리라 예단하며 들떴지요.

그런데 유럽에서 인도로 가는 길은 이슬람 국가들이 딱 버티고 있었습니다. 바로 그래서 뱃길을 찾기 시작했습니다. 뱃길을 열어 가려면 돈이 들 수밖에 없었지요. 당시 유럽에서 강력한 왕국으로 떠오른 포르투갈은 아프리카 남쪽—그곳에 붙인 이름이 '희망봉'—을 돌아 인도로 가는 바닷길을 이미 열었습니다.

콜럼버스는 동쪽으로 인도에 가려는 상인들과 달리 지구가 둥글다는 사실에 착안해 서쪽으로 가면 더 빨리 도착할 수 있다고 감히 생각했습니다. 지구의 크기를 몰랐던 큰 착각이었지요. 유럽에서 서쪽으로 '후추의 나라' 인도를 갈 때 아메리카 대륙은 물론 태평양이 가로놓여 있다는 사실을 상상도 못 했습니다. 어쨌든 금과 향료를 비롯해 동양의 진귀한 물품을 들여올 새로운 무역 항로가 부를 누리고 싶은 그의 최대 관심이었습니다.

콜럼버스의 제안에 에스파냐(스페인) 이사벨라 여왕이 솔깃했습니다. 그렇지 않아도 포르투갈이 향료 무역을 독차지할까 걱정하고 있었거든요. 더 빠른 길을 찾겠다는 감언에 끌렸지요. 여왕이 관심을 보인다는 사실을 재빠르게 간취한 콜럼버스는 조건까지 내걸었습니다. 자신이 발견할 땅에서 얻게 될 수입의

10%와 모든 무역 거래의 8분의 1을 자신의 지분으로 보장해주고, 그 땅을 식민지로 삼을 경우 총독으로 임명해 달라고 요구했지요. 정말 제멋대로 아닌가요? 그 땅에서 대대로 가족을 이루며 살아온 수많은 사람들을 단지 침탈과 축재의 대상으로만 여긴 서양 백인의 발상을 기억해 둘 필요가 있습니다.

탐욕스런 상인과 더 큰 사치를 즐기려는 왕의 욕망이 뭉쳐 마침내 출항합니다. 콜럼버스는 서쪽 바다로 떠나 1492년 유럽이 그때까지 몰랐던 땅에 도착했습니다. 콜럼버스는 그곳이 인도의 서쪽이라 확신하고 '서인도'라 이름 붙였지요. 콜럼버스는 죽을 때까지 자신이 도착한 곳을 인도라고 생각했습니다.

'새 땅'을 '발견'했지만 금은보화를 찾지는 못했습니다. 실망한 콜럼버스는 돈을 벌 '새로운 착상'을 합니다. 그곳에 살고 있던 사람들을 '노예'로 팔기 시작했습니다.

가령 1495년 초에 타이노족 500여 명을 네 척의 선박에 실어 유럽으로 끌고 와 노예로 팔았지요. 현지에서도 총칼을 앞세워 노예 제도를 만들었습니다. 14세 이상의 모든 원주민 남자들은 석 달에 한 번씩 금을 바치라고 명령했습니다.

그뿐이 아닙니다. 유럽인들의 질병이던 천연두가 퍼지며 불과 50년 사이에 원주민 수십만 명이 죽음을 맞았습니다. 콜럼버스가 죽은 뒤 그곳이 인도가 아님을 파악한 상인 아메리고 베스

ㄱ

푸치가 비로소 '아메리카'라는 이름을 붙였지요.

스페인 왕실이 실망해 있을 때, 마젤란이 나섭니다. 아메리카 대륙의 남쪽을 돌아 서쪽으로 인도 가는 바닷길을 개척하겠다고 나섰습니다. 마젤란 또한 무역으로 큰돈을 벌고 싶었지만 태평양이 얼마나 넓은지 몰랐지요.

1519년부터 2년에 걸친 항해 끝에 마젤란은 필리핀 세부의 섬들에 도착했습니다. 그곳에 살고 있는 사람들에게 기독교 신앙을 강요하고 스페인 국왕의 신민이 될 것을 요구하며 '갑질'을 벌였습니다. 터무니없는 백인의 갑질에 섬 주민들이 저항하자 주민들을 모두 토벌하겠노라 으름장을 놓고 전투에 나섰지요.

막탄 섬의 지도자 라푸라푸는 토벌하러 오는 백인들과 맞서 싸울 준비를 했습니다. 마젤란과 백인들이 배에서 내리는 순간에 죽창과 독화살로 공격했습니다. 마젤란도 창에 찔려 숨졌습니다. 마흔한 살이었지요. 살아남은 마젤란의 부하들이 인도양을 돌아 귀국하면서 첫 '세계 일주'라는 평가를 받습니다만, 그 동력이 돈이었다는 사실을 기억할 필요가 있습니다.

유럽 상인들은 바닷길 개척과 함께 정복에 나섰습니다. 1500년 안팎에 시작한 아메리카 대륙 정복과 약탈로 유럽 상공인들은 엄청난 부를 축적해 갔습니다. 이를테면 페루를 정복하고 한 차례에 130만 온스의 금을 약탈할 수 있었습니다.

갑질의 뿌리

유럽으로 들어온 엄청난 금과 은들은 시장의 확산, 수공업과 은행업의 성장을 불러왔습니다. 토지에 기반을 둔 영주와 귀족들의 힘은 시나브로 약해져 갔지요. 자본주의나 기업 경제는 유럽에서 독자적으로 발생한 게 아니었습니다.

우리에게 유럽의 이미지가 하도 강렬하게 각인되어 있기에 잊기 십상이지만, 유럽은 인류 문명이 시작되고 5000년 동안 문명의 주변부에 지나지 않았습니다. 1500년에서 1750년 사이에 이르러서야 비로소 동아시아와 비슷한 부와 힘을 갖추기 시작했습니다.

유럽이 문명의 주변부에서 중심부로 전환할 수 있었던 큰 요인은—영국의 역사가 클라이브 폰팅도 지적했듯이—'지리적 우연'이 준 이점이었습니다. 유럽이 유라시아 대륙의 서쪽 끝에 있어 아메리카 대륙의 금과 은을 대량으로 약탈할 수 있었기에 상공업이 빠르게 성장할 수 있었다는 거죠.

본디 아메리카 대륙에 살고 있던 사람들은 무기 수준이 낮았고, 유럽의 질병에 면역 체계를 갖지 못했습니다. 그 결과 정복과 약탈이 쉽게 가능했지요.

실제로 아메리카에 살고 있던 사람들과 만난 순간을 콜럼버스는 기록으로 남겼는데요. 그들은 작은 창 말고는 아무런 무기가 없었고, 태도도 호의적이었다며 자신이 칼을 보여 주자 한 남자가 모르고 칼날을 잡는 바람에 손이 베였다고 썼습니다. 칼조차 없던 평화로운 삶을 대대로 누려 온 사람들은 콜럼버스를 반겼지만 환대의 대가는 혹독했습니다. 노예로 팔려 나가거나 학살당했습니다.

회사의 탄생

자본주의는 처음부터 '무역'이라는 이름의 약탈을 통해 '유럽 중심의 세계 체제'라는 형태로 출현했습니다. 유럽인들의 상업과 수공업이 빠르게 성장하면서 개개인이 혼자 해온 일을 여러 사람이 모여 좀 더 큰 규모로 펼쳐 갔는데요. 바로 그것이 역사적 존재로서 기업의 탄생입니다.

15세기에 이탈리아의 해운 회사들은 함께 투자한 사람들을 '꼼파니' 곧 동반자라고 불렀습니다. 꼼파니가 오늘날 '컴퍼니(company)', 기업이라는 말의 시작입니다. '빵을 나눠 먹는다'라는 라틴어 '꼼파니아'에서 유래한 말이죠. 당시 기업은 모든 걸 함께 이뤄 나누고 책임지는 가족적 동질성과 유대감을 기반으로 활동했습니다. '꼼파니'라는 말 그대로 기업은 공존하고 공영하는 공동체였지요.

경제사 학자들에 따르면 초창기 기업이라는 새로운 조직의 고갱이는 협력이었습니다. 여러 사람이 모여서 조직을 이루고 상품을 생산했으니까요. 분업으로 힘을 모으면 생산 비용이 덜 들고 그만큼 가격을 낮춤으로써 시장에서 잘 팔 수 있었기에 큰 돈을 벌 목적으로 만든 조직이 기업이라는 거죠.

16세기에 영국의 모험적인 상인들은 북해 연안의 국가들인 벨기에, 네덜란드, 룩셈부르크에 모직물을 팔았습니다. 그들의 상행위는 엄격한 규칙 아래 이루어졌는데요. 바로 그런 관행이 기업을 지속적인 조직으로 만들어 갔습니다.

당시 영국을 통치한 여왕이 엘리자베스 1세입니다. 그녀는 산업 혁명 이전에 기업이 자리 잡는 과정에서 결정적인 역할을 합니다. 직접 기업에 관여했으니까요. 이를테면 엘리자베스는 1581년 설립된 무역상인 조합인 레반트 회사가 시리아, 레바논, 이스탄불 지역에서 무역 활동을 벌이는 것을 허용한다고 밝혔습니다. 1600년 문을 연 동인도 회사에겐 인도와 극동 지역에서 무역을 하라고 명령합니다. 단 조건을 달았습니다. 그 지역에서 독점적으로 무역을 하려면 세금을 내야 한다고 말이죠.

영국 여왕이 상품을 팔 시장을 넓히기 위해 혈안이 된 상인들에게 독점적인 무역권을 주면서 대규모 상인 집단이 등장합니다. 그들이 자본주의적 기업을 키워 갔지요. 가령 동인도 회사는

ㄱ

처음에 투자자들을 모아 무역을 했습니다. 그런데 배가 러시아나 중동 지역까지 가려면 개인 투자자들이 대는 자금으로 부족했지요. 그래서 합작 회사를 설립했습니다. 합작 회사로 자금을 확보한 뒤에는 그것을 사고팔 수 있는 주식을 발행했지요. 그에 따라 최초의 주식 거래소가 등장했습니다.

유럽에서 초기 형태의 기업이 형성될 때 그것을 가능케 한 제도를 세 가지로 추릴 수 있습니다. 첫째, 자연인처럼 사업을 벌일 수 있는 법인의 탄생입니다. 법인(juridical person, 法人)은 문자 그대로 사람과 같은 권리 능력이 법으로 인정되는 대상입니다. 일정한 사람의 집합 또는 일정한 목적을 위하여 바쳐진 재산의 집합체에 마치 살아 있는 자연인과 같은 법인격을 부여하는 거죠. 법인은 권리와 의무의 주체가 될 뿐만 아니라 자기의 이름으로 법률 행위를 할 능력도 가집니다. 법인의 개념은 그 뒤 정교해지고 범주도 늘어나 현대인이 일하는 거의 모든 일터는 법인의 하나입니다. 공무원도 영리 법인이나 사법인(私法人)이 아닐 뿐 공법인(public corporation, 公法人)에서 일하는 셈이지요.

근대 기업이 출현하는 둘째 요인은 기업에 투자한 사람들에게 매매가 가능한 주식을 발행한 일입니다. 마지막으로 투자자들의 책임을 투자 금액 이내로 제한하는 유한 책임 제도의 도입입니다. 이 세 가지 제도가 결합하면서 기업이라는 근대 사회 조직이 활발하게 살아 움직이게 되었지요.

이어 산업 혁명이 일어나죠. 유럽은 산업 혁명을 통해 세계를
지배해 갑니다. 산업 혁명으로 상공인들은 경제 주체로서 자리
를 확고히 차지합니다. 그에 맞춰 경쟁 상대를 효과적으로 따돌
리고 시장에서 우위를 차지하기 위한 최적의 조직체로서 기업
이 성장해 가지요.

유럽의 상공인들은 그 시점에 영국 런던에서 살고 있던 철학
자 마르크스가 통찰했듯이 이집트 피라미드나 로마의 수로, 고
딕 성당을 훨씬 능가하는 기적을 이뤘습니다. 그때까지의 모든
민족 대이동이나 십자군 따위와 견주지도 못할 '원정'도 감행했
지요. 상공인들은 자신의 생산물을 팔 수 있는 시장을 끊임없이
넓히려고 지구 상의 모든 골골샅샅을 누비며 가는 곳마다 둥지
틀고 자리 잡았습니다.

기업은 시장 경쟁에서 이기려고 끊임없이 생산 도구를 개조
하고 생산관계도 바꾸어 갔습니다. 상공인들이 세계로 시장을
넓혀 가면서 각 나라의 생산과 소비도 범세계적인 성격을 갖게
되었습니다. 더는 토착 원료나 자원을 가공하는 산업에 머물지
않았지요. 먼 곳에서 온 원료와 자원을 가공해 만든 상품을 국
내만이 아니라 지구 상의 모든 곳에 판매하는 산업이 커져 갔습
니다.

ㄱ

상공인들, 곧 자본 계급의 역사적 성취는 실로 놀라웠습니다. 100년 남짓 시간에 그 이전의 모든 세대들이 이루어 낸 것을 다 합친 것보다 더 엄청난 생산력을 창출했으니까요. 철도, 기선, 전기 통신, 경작을 위한 모든 토지의 개간, 운하 건설, 땅에서 솟아난 듯 빠르게 늘어난 인구들 앞에서 마르크스는 인간의 "사회적 노동의 품속"에 그런 생산력이 잠자고 있으리라고 과거에 예감이나마 할 수 있었겠는가 물으며 아낌없이 찬사를 보냈습니다.

마르크스와 그의 친구 엥겔스는 근대 사회에서 상공업자들이 이룬 성과를 근거로 그들이 혁명적인 역할을 담당했다고 정당하게 평가했습니다. 자본 계급이 지배를 확립한 모든 곳에서 토지에 기반을 둔 신분제 질서를 종식시킨 것은 사실이거든요.

상공인들은 본디 중세 시대에 성안에 거주하는 수공업자(직인)들과 상인들로 성주인 봉건 영주에게 세금을 바치면서 물건을 생산하고 판매한 사람들입니다. 성 밖에 거주하며 농사일을 하던 사람들과 달리 성안에 살던 그들을 '성곽 도시(부르그, bourg)에 사는 주민'이라는 뜻에서 '부르주아지(bourgeoisie)'라고 불렀습니다. 도시에 사는 사람, 시민이라는 문자적 의미와 통합니다.

한 세기 이상에 걸쳐 서서히 세력을 넓혀 가던 상공인들은 자연스럽게 왜 자신들이 정치적 결정에 참여하지 못하는지 의문을 제기하기 시작했습니다. 상공인들의 세력이 커지면서 자신들이 내는 세금은 많아졌는데도, 정치적 발언권은 신분제에 토대를 둔 지주 세력이 독점하고 있는 현실을 비판적으로 바라보는 것은 역사의 순리였습니다.

상공인들이 세력화하면서 지배 세력인 귀족에게 경제적으로 예속되지 않는 지식인들도 나타나기 시작했습니다. 상공인들과 직간접적 연관을 지닌 그들은 신분 제도에 맞서 모든 인간이 평등하게 태어났다는 사상을 철학적으로 개념화해 나갔지요. 계몽사상의 등장이 그것입니다.

때마침 발전한 인쇄술은 대중 매체의 출현을 가능하게 했습니다. 신문 발행은 계몽사상의 확산을 증폭시키며 정치의식의 각성을 이뤄 나갔지요.

하지만 왕정 체제는 쉽게 바뀔 수 없었습니다. 수천 년 동안 동서양을 막론하고 왕들은 자신들의 특권적 지배 체제에 도전하는 사람들을 잔인하게 탄압해 왔으니까요.

상공인들은 사회적으로 세력을 형성해 나가면서 조금씩 자신들의 정치적 발언권을 키워 갔습니다. 데카르트의 '나는 생각한다, 고로 존재한다'라는 명제나 존 로크의 '인간은 모두 백지로 태어났다'라는 평등주의 사상도 인쇄술의 상업화를 밑절미로

ㄱ

퍼져 갔습니다.

　상공인들은 자신들의 '사업'이 커가면서 고용하게 된 노동인들을 앞장세워 마침내 왕권에 도전하고 나섰습니다. 왕국에서 살아가던 상공인이나 노동인들은 모두 군주에 충성해야 할 신민(臣民)이었습니다. 그 신민이 신분제를 벗어나 시민으로 등장하는 역사적 사건이 바로 시민 혁명이지요.

　세계사의 전개 과정에서 시민 혁명의 상징은 프랑스 혁명(1789)입니다. 프랑스 혁명 과정에서 왕(루이 16세)과 왕비(마리 앙투아네트)의 목은 가차 없이 단두대에서 잘려 나갔지요. 인류사에서 수천 년 동안 이어 온 왕정은 무너져 내리기 시작했습니다. 그 자리에 바로 민주주의가 들어섰지요.

　유럽에서 근대 국가의 헌법은 새로운 세력을 형성한 상공인들의 주도 아래 전개된 민중 투쟁의 산물이었습니다. 상공인들은 근대 민주주의를 연 주체였던 거죠.

　하지만 한국의 상공인들은 다릅니다. 왕정과 싸우거나 세력을 이뤄 새로운 시대를 열어 간 역사적 경험이 전혀 없습니다. 500년을 이어 온 조선 왕조는 아래로부터 상공인들이 주도한 시민 혁명에 의해서가 아니라 제국주의 외세의 침탈로 무너졌습니다.

　일본 제국주의의 식민지로 전락한 시기에도 독립운동을 주도

한 것은 상공인들이 결코 아니었습니다. 더욱이 일본 제국주의
가 몰락하며 해방된 시기에 제정된 대한민국 헌법 또한 상공인
들이 주도해서 만든 것이 아닙니다.

우리 헌법은 근대 헌법, 그러니까 자본주의 헌법의 담당자인
상공인들과 무관하게 제정되었습니다. 원로 법학자 국순옥은
『민주주의 헌법론』에서 우리 사회의 구조적 취약성 가운데 무
엇보다 먼저 손꼽을 것으로 "자본주의 발전의 내발적 추동력인
부르주아 계급의 원초적 결락 현상"을 들었지요.

혹 '부르주아 계급'이라는 말만 들어도 자기 검열이나 '경계'
에 들어갈 독자를 위해 새삼 다시 설명하자면, 부르주아는 성문
밖 토지에 기반을 둔 중세 시대에 성안에서 활동하던 상인과 공
인들을 뜻합니다. 국순옥은 "봉건 사회의 신분적 질곡으로부터
해방된 이들 독립 자영 소생산자층은 반봉건 투쟁에서 몸과 마
음을 다진 자유의 전사"였고 "신흥 부르주아 계급으로 세계사의
무대에 등장하기 훨씬 이전에 이미 근대 자연법 이론의 세례를
통하여 이념적 자기 정립과 윤리적 자기 도야의 기회를 가질 수
있었다"고 평가합니다.

ㄱ

'반기업 정서'의 뿌리

유럽과 달리 한국은 밑으로부터 자연 발생적으로 성장한 부르주아 계급이 존재하지 않았습니다. 그 빈 공간을 채운 것은 제국주의와 "국가 주도 자본주의적 경제 발전 전략의 그늘 아래에서 양적 성장을 거듭한 천민 부르주아 계층"이지요.

바로 그래서 유럽의 자본주의와 달리 한국 사회를 '천민자본주의'로 불러왔습니다. 국순옥은 그들에게 "사회를 전체적으로 조망하고 미래를 주체적으로 기획할 수 있는 의지나 능력은 고사하고 최소한의 정치적 상상력이나 윤리적 지평조차" 기대할 수 없다고 비판합니다.

그 차이는 쉽게 확인할 수 있습니다. 가령 대한상공회의소나 전국경제인연합회, 경영자총협회가 사회적 쟁점들에 대해 어떤 성명을 내놓고 있는지 살펴보는 것만으로도 충분하지요. 역사적으로 신분 제도에 맞서 혁명을 일으킨 경험이 전혀 없기에 한국의 상공인들은 "근대 자본주의 헌법의 꽃이라고 할 수 있는 자유권적 기본권"에 대해서도 냉소주의적 무관심을 보이거나 국외자의 입장에서 내내 방관자적 자세를 보여 왔습니다.

기실 대한민국의 민주 헌정 질서를 유린한 군부 쿠데타와 독재에 대해 그들의 태도는 '방관자'를 넘어선 '부역자' 내지 '동반자'였지요. 비단 과거만의 문제도 아닙니다. 대한상공회의소 회장을 오래 역임한 박용성이 자신이 인수한 대학교의 이사장이 되어 강행한 '기업식 학사 개편'에 반대하고 나선 교수들에게 "가장 피가 많이 나고 고통스러운 방법으로 목을 치겠다"고 협박한 행태는 저들이 얼마나 천민적인가를 생생하게 입증해 줍니다.

들머리에 소개한 대기업 가족들의 갑질은 바로 그 '천민 자본'의 적나라한 모습입니다. 반기업 정서의 뿌리이기도 하죠.

그렇다면 유럽의 기업들은 모두 윤리적으로 건강할까요? 그렇지는 않습니다. 그 뿌리에서 차이가 있기에 한국 대기업과 같은 천박한 갑질은 드물지만, 자본의 이윤 추구 논리가 지닌 문제점은 고스란히 남아 있습니다. 상공인들이 주도한 시민 혁명 이후 200여 년 넘게 역사가 전개되어 오면서 왕정을 무너트리는 데 나섰던 혁명성은 시나브로 잊히고 어느새 '희미한 추억'에 지나지 않게 되었습니다. 특히 유럽 밖의 나라들—더 정확히 표현하자면 시장들—에 대해서는 무자비한 침탈과 착취를 서슴지 않았습니다.

19세기에서 20세기 전반기에 걸친 제국주의 시대에 유럽 기업들은 적극 앞장섰지요. 유럽 국가들의 제국주의가 1, 2차 세계 대전을 일으키자 자본의 맹목적 이윤 추구 논리에 비판 여론

ㄱ

이 커져 갔습니다.

더욱이 러시아에서 사회주의 혁명이 일어나자 유럽의 상공인들은 긴장했습니다. 자국에서 노동인들의 혁명이 일어나는 것을 막으려고 미리 양보를 해갔지요. 서둘러 노동인들의 권리를 인정하기 시작했습니다.

이윽고 노동조합에 기반을 둔 정당들이 나날이 커져 갔고, 사회 민주주의 계열의 집권당이 여러 나라에서 복지 정책을 구현해 갔습니다. 법인으로서 기업의 윤리 또한 중시될 수밖에 없었습니다.

그럼에도 이윤을 우선하는 자본의 논리는 유럽 밖에서 집요하게 관철되고 있습니다. 가장 상징적인 사건이 스위스의 초국적 기업 네슬레에서 불거졌습니다. 네슬레를 모르는 한국의 새내기 노동인은 없으리라 짐작합니다.

200여 개 나라에 진출해 있는 네슬레가 걸어온 길을 톺아보면 대표적인 초국적 기업이 어떻게 성장해 왔는가를 알 수 있는데요. 1814년 독일 프랑크푸르트에서 태어난 앙리 네슬레는 약사가 되어 1843년 스위스의 작은 마을(브베)로 이주해 약국으로 돈을 벌고 1866년 네슬레를 설립합니다. '네슬레'가 '작은 둥지, 가족, 보호'라는 뜻의 독일어 '네스트'와 발음이 비슷하다는 점에 착안했지요. 그는 소비자들이 회사명 네슬레에서 모성애와 가정을 떠올릴 수 있도록 상표도 어미 새가 새끼들에게 먹이 주는 모습으로 제작했습니다.

네슬레는 곡식 가루, 설탕, 우유를 섞어 분유를 만들면서 자신이 모유와 경쟁할 의도는 없다고 공언했습니다. 오히려 "생후 첫 몇 개월은 모유가 최고의 천연 영양소"라고 예찬하며 모든 어머니는 가능한 한 직접 자녀에게 젖을 물려야 한다고 주장했습니다.

네슬레는 1, 2차 세계 대전을 통해 급속히 성장하며 초기의 우유, 유아 제품을 넘어 커피, 미네랄워터, 과자, 애완동물 사료까지 생산 품목을 넓혀 갔습니다. 네스카페를 비롯해 8000여 개의 브랜드를 갖고 있지요.

끊임없이 제품 혁신을 통해 글로벌 식품 업계의 '대표'가 되었다는 평가를 받고 있습니다. 경영 방침으로 1년에 적어도 제품 20%를 혁신한다니 5년이 지나면 네슬레의 상품은 모두 새 제품이 되는 셈입니다.

네슬레는 혁신의 중점을 소비자에 둡니다. 사람들이 커피 한 잔을 마시려고 오래 기다리는 것을 지루해한다는 사실에 착안해 처음으로 인스턴트커피를 개발합니다. 설탕과 크림 비율을 달리하며 끊임없이 다양화하고 '혁신'했지요. 액체 인스턴트커피도 개발했습니다.

ㄱ

그런데 모유를 예찬하고 소비자를 위한 혁신을 내세운 네슬레는 유럽 밖에선 사뭇 언행이 다릅니다. 1960년대부터 아프리카를 비롯한 제3세계 시장에 진출한 네슬레는 분유를 팔기 위해 '모유가 질병을 옮길 수 있다'는 광고를 서슴지 않았지요. 유럽 안에서 다짐한 말과 정반대였습니다. '무료 샘플'을 나눠 주며 공격적 마케팅을 펼쳤습니다.

당시 아프리카 여성들은 대부분 아기에게 모유를 먹였는데요. 네슬레는 모유 수유는 낡은 시대의 불편한 관습이라고 선전했습니다. 간편하고 영양소가 골고루 들어 있는 분유를 먹이라고 광고를 퍼부었습니다. 회사의 마케팅 사원이 의사 옷을 입고 나와 '모유를 먹이면 아이들에게 에이즈가 전염될 수 있기 때문에 안전한 분유를 먹여야 한다'는 캠페인까지 벌였습니다. 광고 전단들에도 간호사 옷을 입은 여성을 내세웠습니다. 네슬레 분유에는 비타민이 듬뿍 들어 있어 아기를 건강하고 행복하게 키울 수 있다고 유혹했지요.

어떤가요. 효과가 컸을까요? 물론입니다. 아기 엄마들에게 무료 샘플을 나눠 주며 대대적으로 벌인 광고 효과는 엄청난 수익으로 돌아왔습니다. 아프리카에서 네슬레의 분유 판매량은 가파르게 올랐지요.

그런데 네슬레가 큰돈을 벌어가는 과정에서 수천 명의 유아들이 사망했습니다. 당시 아프리카가 처한 현실과 위생 상태는 분유를 먹이기엔 최악이었거든요. 물은 오염되어 있었고 우유병을 소독할 시설도 없었습니다. 오염된 물에 분유를 타서 소독도 되지 않은 우유병을 활용해 분유를 먹였지요. 수많은 아이들이 설사, 구토, 이질, 호흡기 감염에 걸렸고, 이 가운데 상당수가 사망했습니다. 분유 값을 아끼려 했던 엄마들이 분유의 양을 제대로 맞추지 못해 영양실조로 죽은 아이들도 적지 않았지요.

네슬레의 공격적 마케팅에 비판 여론이 커져 갔겠지요. 네슬레는 오염된 물이 문제일 뿐 자사의 제품 품질과는 아무런 관련이 없다고 언죽번죽 책임을 회피했습니다. 그러자 네슬레의 부적절한 마케팅으로 아프리카를 비롯한 제3세계 유아들이 많이 사망했다며 불매 운동이 유럽으로 퍼져 나갔지요. 일부 대학에선 '네슬레를 타도하자'는 구호마저 등장했습니다.

네슬레는 어떻게 대응했을까요? 불매 운동을 전개하는 사람들을 '공산주의자'로 몰아세웠지요. 인도주의적 기업을 자부해 온 네슬레가 자본의 본심을 확연히 드러낸 셈입니다.

하지만 불매 운동이 줄기차게 이어져 매출이 하락하면서 네슬레의 태도는 달라집니다. 의사나 병원에 분유 수유를 장려하는 활동을 중지하겠다고 약속했지요. 회사 제품과 인쇄물에 경고문을 실을 것도 동의했습니다. 네슬레 보이콧 운동은 초국적 기

ㄱ

업을 상대로 성공한 최초의 불매 운동으로 평가받고 있습니다.

하지만 네슬레는 모유 대체물 광고만 중지했을 뿐입니다. 제3세계 병원에 무료로 분유를 제공하는 마케팅 전략은 그대로 이어 갔습니다. 이 사실이 알려지면서 비판 여론이 일자 네슬레의 마케팅 담당 이사는 서슴없이 말했습니다.

"지구촌의 새로운 시장에서 서유럽의 윤리 원칙을 지키며 막대한 돈을 버는 것은 불가능하다."

바로 그것이 '세계적인 아기 영양 전문가'로 불리는 네슬레의 진실입니다. 네슬레의 사례는 초국적 기업들에서 되풀이되고 있습니다.

민영화, 자유화, 지구화를 내건 초국적 기업들의 연간 매출은 개발 도상국들의 국가 생산량을 넘습니다. 초국적 기업의 비중은 세계 농산품의 80% 이상, 상품과 서비스 수출의 60% 이상을 차지합니다. 500대 초국적 기업이 세계 무역의 70%, 해외 투자의 70%, 세계 GDP의 30%를 좌우한다는 추정치도 있습니다. 정부조차 그들의 눈치를 살필 만큼 큰 권력을 쥐고 있지요. 초국적 기업들은 자신의 나라에선 감히 못 하는 행태를 자기 나라 밖에선 얼마든지 저지릅니다.

지금까지 논의를 정리해 볼까요. 역사적으로 상공인들이 왕정 체제를 무너트린 시민 혁명을 경험했는지 여부는 그 나라 기

갑질의 뿌리

업 문화에 적잖은 영향을 줍니다. 한국 기업에서 두드러지는 천박한 갑질이 유럽의 기업들에서 드물게 나타나는 이유입니다.

더구나 한국의 상공인들은 이승만 독재의 특혜를 받고 박정희-전두환의 군부 독재에 부닐며 성장해 왔기에 군사 문화가 조직 전반에 깊숙이 침투해 있습니다. 군부 독재와 권위주의 시대에 입사한 노동인들 또한 상명하복의 군사 문화에 축축이 젖어 있었지요. 민주화 이후의 세대, 90년대생부터 '기업 문화'를 바꿔 나가야 할 중요한 이유입니다.

다만 유럽에서도 상공인들의 혁명 경험은 몇 세대 전이었기에 어느새 희미한 추억이 되었다는 사실, 유럽 밖에선 아예 지킬 박사와 하이드처럼 전혀 다른 얼굴로 다가온다는 사실도 인식할 필요가 있습니다. 유럽의 한복판에 머물고 있는 프란치스코 교황이 "늙은 노숙인이 거리에서 숨진 채 발견되는 건 뉴스가 안 되지만, 주식 시장이 단 2포인트라도 떨어지면 뉴스가 된다"며 자본의 논리에 매몰된 세상을 비판한 이유도 같은 맥락이겠지요.

자본주의 체제가 전 지구로 퍼진 지금 자본의 힘은 막강합니다. 새내기 노동인들이 일터에서 언젠가 만날 수 있는 '천박한 갑질'에 그 뿌리를 인식하기를 권한 까닭은 저들의 몰상식한 언행을 근절하려면 개개인 차원의 패기에 기댈 수 없어서입니다.

ㄱ

사표를 던지고 그 직장을 떠난다고 해도 생존하기 위해 다시 찾아야 할 일터 또한 자본의 논리가 지배하고 있을 가능성이 높습니다. 자본의 논리가 직접적이냐 간접적이냐, 또는 강약의 차이만 있겠지요. 우리 모두 자본주의 체제 속에 살고 있기 때문입니다. 갑질의 가장 굵은 뿌리는 자본에 박혀 있습니다.

그 거대한 뿌리를 개인이 캐낼 수 없습니다. 개인적 패기로 맞서기보다는 오히려 부드럽게 대처하기를 권하는 까닭입니다. 물론 그 부드럽기는 순종이 아닙니다. 굴종은 더더욱 아닙니다. 부드러움이 강함을 이긴다는 그 부드러움이지요.

자본의 갑질에 순간의 분노로 홀로 맞서지 말고 '슬기로운 일터 생활'로 대응해야 옳습니다. 그러려면 천박한 갑질에 맞서 싸울 '부드러운 무기'를 갖춰야겠지요. 다음 장에서 기업의 국제 표준, 글로벌 스탠더드를 살피는 까닭입니다.

갑질의 뿌리

3

———

일터의
글로벌 스탠더드

———

　서유럽의 윤리 원칙을 지키며 지구촌 시장에서 막대한 돈을 버는 것은 불가능하다는 글로벌 기업 네슬레 임원의 솔직한 고백은 21세기 세계화 시대에 기업 윤리와 자본의 논리를 새삼 되짚게 합니다. 더구나 한국의 기업가들은 유럽의 상공인들처럼 혁명의 주체로 나섰던 역사적 경험이 전혀 없습니다.

ㄱ

론스타의 '먹튀'와 글로벌 스탠더드

정당하지 못한 권력의 억압에 맞서 자유를 내걸고 혁명에 나선 경험의 유무는 단순한 과거의 문제가 아니라 현실에 영향을 끼치는 중요한 변수 가운데 하나입니다.

그것을 실감할 대표적 통계가 산업 재해입니다. 산재는 당사자와 가족에게 끔찍한 참극입니다. 아침에 건강하게 일터로 출근해서 집으로 돌아오지 못할 때, 참혹한 죽음을 맞은 당사자는 물론 가족의 슬픔은 더 말할 나위 없지요. 대한민국 산재 사망률이 1994년 이후 현재까지 부동의 1위인 것은 어쩔 수 없는 일일까요?

아닙니다. 얼마든지 달라질 수 있습니다. 한국에서 노동인이 일터에서 사고사를 당하면 기업체가 낼 벌금이 겨우 수십만 원 ~500만 원입니다. 그런데 영국에서는 산재 사망 1명당 기업체에 벌금이 평균 6억 9000만 원입니다. 생각해 볼까요. 한국 일터에서 노동인이 사고로 죽을 때 기업에 1명당 수억 원의 벌금을 물리고 기업주를 엄중히 처벌해도 자본이 무관심할까요? 이는 다름 아닌 새내기 노동인의 삶과 죽음의 문제입니다. 산재 사망 1위의 통계야말로 자본의 갑질 가운데 가장 생생한, 아니 소름 끼치는 노동 현실이지요.

그렇다면 상공인들이 시민 혁명에 참여한 역사가 없는 나라들에선 자본의 갑질을 '이해'해 주며 묵묵히 받아들여야 할까요? 그렇지는 않습니다. 지구촌 대다수 나라들이 합의한 '글로벌 스탠더드(global standard)'가 엄연히 있으니까요.

더욱이 한국의 신문과 방송들은 '글로벌 스탠더드'라는 말을 모든 복잡한 문제의 '만병통치약'처럼 즐겨 써왔고 지금도 애용하고 있습니다. 언론에 자주 등장하는 말이다 보니 정치인, 경제인은 물론 교육인, 종교인들까지 자주 사용합니다.

그런데 한국인들은 글로벌 스탠더드를 과연 얼마나 정확히 알고 있을까요. 글로벌 스탠더드를 말뜻 그대로 옮긴다면 '국제 표준'입니다. 지구촌에서 통용되는 표준인데요. 한국에서 그 말은 처음에 기업들의 활동과 연관되어 주주권이나 회계 기준을 비롯한 기업 경영 체계를 지칭하는 개념으로 사용되었다가 점차 '세계화'와 동등한 의미로 퍼져 갔습니다.

21세기 들어 '글로벌 스탠더드'가 신문과 방송을 통해 한창 퍼져 갈 무렵에 언론이 그 말을 어떻게 사용했는지 발행 부수가 가장 많은 신문을 통해 들여다볼까요. 1면 머리기사 첫 문장에 '글로벌 스탠더드'를 담은 기사입니다.

"한국의 국세청은 과연 글로벌 스탠더드에 걸맞은 세무 행정을 펴고 있는 것일까?"

ㄱ

이 신문이 1면 머리기사로 국세청에 문제를 제기한 이유는 기사의 바로 다음 문장부터 나옵니다.

사전 통고 한마디 없이 기습적으로 이루어진, 외국계 자본에 대한 집단 세무 조사가 외국인들에게는 어떻게 비치고 있을까? (…) 론스타 측은 "사전에 세무 조사 통보를 받은 바 없다"고 밝혔다. 한상률 국세청 조사국장은 "국내외 자본 구분 없이 변칙 부당 이익을 취했는지 여부를 검증하는 것은 국세청의 임무"라며 조사 이유를 밝혔다. (…) 하지만 국세청의 이번 세무 조사는 조사 시점이나 방식에서 볼 때 문제가 많다는 지적이다. 특히 '일제 단속'식의 투박한 조사 방식은 글로벌 스탠더드도 아닐뿐더러, 국익을 도외시한 성급한 행동이란 비판이 나오고 있다.

기사는 "외국계 자본에 칼 들이댄 국세청/ 민감한 때 무더기 세무 조사 파문"이라는 큼직한 표제 아래 편집됐습니다(조선일보 2005년 4월 15일자). 언론이 글로벌 스탠더드를 부각하던 시기에 기업을 중심에 두고 작성한 기사인데요.

기사에 따르면 대한민국 국세청은 '글로벌 스탠더드'에 맞지 않은 세무 행정을 폈습니다. 기사는 "사전 통고 한마디 없이 기습적으로 이루어진, 외국계 자본에 대한 집단 세무 조사가 외국인들에게는 어떻게 비치고 있을까?" 물은 데 이어 "최근 한국 내 반외국 자본 정서 논란이 불거진 민감한 시기에, 왜 하필 국세청이 세무 조사의 칼을 뽑아 들었는지 이해하기 어렵다"라는 유럽계 투자 기관 관계자의 우려를 인용한 뒤 "명확한 탈세 혐의가 없다면 조사 이유와 대상을 미리 통고하는 게 글로벌 스탠더드가 아니냐"는 주한 외국 기업 CEO의 발언을 담았습니다.

외국 자본의 주장에 "미국의 경우도 국세청이 필요한 경우 사전 통고 없이 조사가 가능하다"는 국세청의 반박은 '글로벌 스탠더드'로 기사화하지 않았습니다. 오히려 "외자를 하나라도 더 유치해야 하는 한국과 외국 자본이 경쟁적으로 몰려드는 미국을 단순 비교하는 것은 곤란하다는 지적도 있다"며 그렇게 지적한 사람이 누구인지 밝히지 않고 모호하게 기사를 작성했지요.

당시 노무현 정부가 외국계 자본에 '엄격'한 태도로 돌아선 배경에는 그들에게 언제까지 특별대우를 할 수 없다는 뒤늦은 반성이 깔려 있었습니다. 기사가 1면 머리로 나온 날, 금융감독위원장은 "투명하고 공정한 시장 원칙을 벗어나 비정상적으로 시장을 교란하는 행위를 통해 부당한 이득을 얻는 것은 국내외 자본 구분 없이 엄하게 규제를 해야 한다"고 거듭 강조했는데요. 지극히 상식적인 이야기이지요.

1997년 외환 위기로 외자 유치가 절박했을 때는 여러 유인책

ㄱ

을 내걸고 외국 자본을 끌어들이는 것이 급선무였다고 하더라도 금융 위기를 벗어난 상황에선 외국 자본과의 관계도 당연히 '국제 기준'에 맞춰 정상화해야 옳겠지요.

그렇다면 국세청과 외국 자본 및 조선일보와의 사이에 논란이 불거진 '글로벌 스탠더드'는 어떻게 판명 났을까요. 그로부터 8개월 뒤에 미국계 사모 펀드인 론스타는 국세청의 세무 조사에 승복했습니다. 본사 임원을 우리 정부에 파견해 스타타워 빌딩 매각 차익에 추징된 세금 1000억대 세금도 전액 납부하겠다고 밝혔습니다. 대한민국 국세청이 공평 과세의 규율을 재정립한 깔끔한 결말이었지요.

1000억 원이 넘는 탈세 사실이 드러난 론스타가 승복할 수밖에 없었던 이유는 언론의 주장과 정반대로 국세청의 세무 행정이 '글로벌 스탠더드'였기 때문입니다. '글로벌 스탠더드'라는 말에 대해 우리가 언론에 휘둘리지 말고 주체적으로 판단해야 할 이유입니다.

론스타는 그 이후 이명박 정부가 들어선 뒤 여건이 자신에 불리하지 않다는 사실에 힘을 얻어서인지 2012년 하나금융에 외환은행 지분 51%를 매각한 뒤 부과받은 양도소득세 3900억 원에 승복을 거부했습니다. 이어 한미 자유무역 협정에 근거한 '투자자-국가 소송(ISD)'을 잇따라 제기했습니다. 물론, 처음 론스타와 논란을 빚은 2005년이나 2012년 이후에도 국세청의 세무 조사로 인해 조선일보가 우려한 '한국 경제의 외자 유치 타격'은 없었습니다.

더러는 기업들 사이에 경쟁이 갈수록 치열한 국제 시장에서 글로벌 스탠더드를 들이댈 수 있는지 의문을 던질 수 있겠는데요. 지구촌 시대의 기업 활동에 대해 명문화된 글로벌 스탠더드가 있습니다. 한국 언론이 제대로 보도하지 않아 대다수가 국제 표준을 알지 못하고 있을 뿐입니다.

기업의 사회적 책임을 위한 국제 표준

새내기 노동인들은 'KS 마크'라는 말을 익히 알 터입니다. KS, 말 그대로 한국 산업 표준(KS, Korean Industrial Standards)이지요. 산업 표준화법에 따라 산업 표준 심의회의 조사와 심의를 거쳐 정부가 제정한 우리나라의 국가 표준입니다.

국제적으로 표준은 개념상 측정 표준·참조 표준·성문 표준과 같은 과학 기술적 표준 외에 넓게는 언어·부호·법규·능력·태도·행동 규범·책임·관습·권리·의무라는 인문·사회적 표준까지 두루 포함합니다.

ㄱ

국가 표준은 그 나라의 모든 분야에서 정확성·합리성 및 국제성의 제고를 위해 통일적으로 적용하는 과학 기술적 공공기준으로 한국의 KS처럼 미국은 ANS(American National Standards), 일본은 JIS(Japanese Industrial Standards), 영국은 BS(British Standards)가 있습니다.

나라마다 표준이 다르기에 국제 표준을 정하는데요. 국가들 사이의 협력과 동의로 제정하고 국제적으로 적용되는 표준을 말합니다. 그 표준을 정하는 국제 전문 조직이 국제 표준화 기구(ISO, International Organization for Standardization)입니다. 1946년 제네바에 설립된 기구로서 각 국가마다 표준을 제정하는 단체들의 대표로 구성되어 있습니다.

국제 표준화 기구가 지정한 표준은 국제 협약이나 국가 표준 제정에 활용되기 때문에 국제적 영향력이 큽니다. ISO는 필요에 따라 국제 기술 위원회를 조직해서 표준화에 대한 특정 주제를 연구하고 의결하여 그 결과를 '국제 표준(IS)'으로 발표합니다.

세계적으로 기업이 차지하는 비중이 무장 커져 가면서 '기업의 사회적 책임(CSR: Corporate Social Responsibility)'을 강조하는 학문적, 실천적 관심이 지구촌에 퍼져 갔는데요. 마침내 국제 표준화 기구도 나섰습니다.

CSR은 이미 한국의 대기업들도 더러 전담 부서까지 두며 펼치고 있기 때문에 상식으로도 명확히 알고 있을 필요가 있는데요.

기업의 사회적 책임(CSR)에 대한 담론의 기원은 19세기 말에 등장한 '복지 자본주의론(welfare capitalism)'에서 찾을 수 있습니다. 19세기에 노동 운동이 성장함에 따라 어린이 노동을 금지하고 최저 임금과 최장 노동 시간을 규정해 '노동 복지'를 입법화하려는 움직임이 나타났거든요. 기업들이 '자구책' 또는 '방어책'으로 복지에 관심을 기울이기 시작함으로써 '사회적 책임' 논의가 싹텄지요.

1930년대 들어서면서 기업의 본질을 놓고 주주의 재산으로 보는 '주주 모델(shareholder model)'과 주주 이외의 사회적 요구까지 고려하는 '이해 관계자 모델(stakeholder model)' 사이에 논쟁이 벌어졌습니다. 사실 그 논쟁은 지금까지도 지속되고 있는데요. 두 모델에 대해서는 이 책의 'ㄷ. 대안과 소통'에서 상세히 논의하겠습니다. 여기서는 CSR에 논의를 모아 보죠.

1950년대에 미국 경제학자 하워드 보웬은 자신의 저서 『사업가의 사회적 책임』에서 "오늘날 기업은 사회적 권력의 중심이며, 기업의 행동은 다양한 방식으로 대중의 삶에 영향을 끼친다"고 강조했는데요. '사회의 목적과 가치 측면에서 바람직한 정책을 추구하거나 결정하고 일련의 행동을 취해야 하는 기업가의 의무'로 사회적 책임을 규정하면서 'CSR'이라는 말이 등장

ㄱ

했습니다.

CSR 담론이 본격적으로 나타난 것은 1970년대 이후입니다. 이 시기에 초국적 기업들의 활동이 늘어나면서 기업의 사회적 책임이 쟁점으로 부각됐거든요. 특히 1989년부터 1991년 사이에 실존했던 공산주의 체제가 무너지면서 신자유주의가 세계적으로 퍼져감에 따라 기업에게 사회적 책임을 묻는 담론도 단순한 경영적 차원을 넘어섰습니다.

신자유주의 체제가 보편화하고 글로벌 대기업의 권력이 커져가면서 그에 상응한 책임을 물어야 옳다는 논리가 힘을 얻어갔습니다. CSR에 국제 표준을 만들자는 논의가 2001년 국제 표준화 기구 이사회에서 처음 제기되었지요. 그 뒤 국제 표준화 기구는 8차 총회까지 치르며 의견을 수렴하고 초안을 다듬어 세계 77개국 대표들 93%의 찬성으로 마침내 2010년 11월 1일 국제 표준을 제정했습니다. 바로 ISO26000입니다.

국제 표준은 CSR이 인류의 '지속 가능 발전'에 필수적이라는 인식에서 출발했으며 기업의 지배 구조를 비롯한 핵심 주제에 대해 세계 인권 선언, 국제노동기구(ILO) 협약, OECD의 초국적 기업 가이드라인을 총망라했다는 평가를 받았습니다. 한국 정부는 처음엔 국제 표준 제정에 소극적 자세를 보였지만 세계적 흐름을 파악하고 찬성했습니다.

국제적으로 학술 연구도 크게 늘어났는데요. 특히 2008년 9월 세계적 금융 기업들의 탐욕적 투자로 글로벌 위기가 불거지면서 기업의 사회적 책임에 학문적 관심이 커졌지요. ISO26000 제정 작업에도 각국 학자들이 참여했습니다.

그런데 CSR을 부정적으로 보는 시각도 견고합니다. 기업은 이윤 창출을 위한 조직이므로 재화와 서비스를 생산해 판매함으로써 더 많은 이윤을 남기는 것이 최고의 가치라는 프레임이 지배하고 있는 나라들이 실제로 많거든요. 대표적인 나라가 바로 대한민국입니다. 기업인들과 대다수 언론이 그렇게 주장하고 있지요.

다만 OECD, 특히 유럽 국가들에서 CSR 자체에 부정적인 시각을 찾아보기는 어렵습니다. 미국에서도 경영학 맥락에서 CSR을 다루며 효율성이나 생산성, 이미지 차원으로 접근하는 연구들이 늘어나고 있습니다.

기업들 또한 CSR을 불편하게 여기는 차원을 벗어나서 '사회 공헌' 활동을 통해 기업 브랜드 이미지를 높여 가고 있습니다. 기업들의 이윤 극대화 활동이 20세기 후반 들어 사회 불안정과 환경 파괴라는 재난을 불러오면서, 그 딜레마를 해결할 전략적 방법으로 CSR을 도입하는 흐름도 있지요. CSR의 궁극적 성격을 '장기적 경쟁력 향상을 위한 투자'로 보는 거죠.

ㄱ

바로 그렇기에 CSR을 근본적으로 회의하는 담론도 있습니다. 대기업들이 자신들의 힘을 정당화하려는 이데올로기 맥락에서 CSR을 내세운다고 비판합니다. 한국의 비판적 사회학계도 기업의 사회 공헌 활동에 대해 이윤 동기를 넘어설 수 없다는 당위론에 기대어 확대 해석을 경계해왔습니다.

실제로 CSR은 기업이 자신의 비판 세력을 흡수하려는 고도의 전략이라고 볼 수 있는 근거가 적지 않습니다. 하지만 21세기 들어 CSR의 국제 표준인 ISO26000이 제정되는 과정을 냉철하게 짚어 보면, CSR을 기업의 사회 공헌 활동 맥락이나 경영전략 차원에서만 보는 관점은 현실을 설명하는 데 한계가 또렷합니다. ISO26000은 그동안 양적으로 확산되어 온 CSR 논의를 질적으로 전환했기 때문이지요.

기업의 사회적 책임이 ISO26000을 계기로 세계 경제 사회에서 큰 흐름을 형성해 가고 있기에 한국 대기업들의 인식과 실천에서 또렷하게 나타나는 한계는 단순히 기업 차원의 문제점으로 끝나지 않습니다. 국제 표준화 기구가 ISO26000을 공표한 상황에서 기업의 사회적 책임에 대한 사회 구성원들의 소통 부재와 둔감은 앞으로 한국 대기업들의 미래는 물론, 수출 의존도가 큰 한국 경제와 사회에 어떤 그림자를 드리울지 대단히 민감한 현실적 문제일 수밖에 없습니다.

기업의 사회적 책임이 대기업의 미래에 얼마나 중요한가는 미국 의류 회사 갭(GAP)을 보기로 설명할 수 있습니다. 갭은 평소 100명의 조사원이 세계 2700개 공장을 모니터링한다고 자랑해 왔는데요. 그러나 2007년 인도의 하청 업체가 10 ~ 13세 어린이들의 노동력을 착취한 사실이 드러나자 갭의 매출은 한 달 만에 25% 급감했습니다. 한국의 대기업들도 갭처럼 불의의 타격을 입는 기업이 나올 수 있다는 뜻이지요. 실제로 삼성에 대한 비판은 지구촌에서 적잖이 일어나고 있습니다. 이를테면 멕시코 신문은 2001년 11월 삼성이 공장 세 곳에서 임신 여성의 해고를 강요하거나 그들에게 일부러 아주 고된 일을 시키고 있다고 보도한 바 있습니다. 기아 임금으로 텔레비전 수상기를 조립하고 있다는 보도도 나왔지요. 국제 인권 단체 휴먼 라이츠 워치의 보고서에 따르면 삼성이 여성 노동인들에게 조직적으로 불법 임신 테스트를 했고 만전을 기하기 위해 하체 검사까지 이뤄졌습니다.

부끄러운 일이지요. 삼성 자신을 위해서도 최고 경영진이 국제 표준 준수에 앞장서야 합니다. 기업의 이윤을 신성시하는 신자유주의 질서를 언제나 '글로벌 스탠더드'로 강조해 온 한국 언론은 정작 기업의 사회적 책임에 대해 국제 표준화 기구가 제시한 글로벌 스탠더드를 외면하거나 왜곡함으로써 경제와 사회의

ㄱ

미래를 어둡게 만들고 있습니다.

물론 한국의 대기업들이 CSR의 세계적 흐름에서 완전히 벗어나 있는 것은 아닙니다. 가령 '글로벌 CSR 콘퍼런스 2011'이 한국에서 열리기도 했으니까요. 2011년 11월 22일 서울에서 열린 '글로벌 CSR 콘퍼런스 2011'에는 유엔글로벌콤팩트(UNGC) 사무총장, 유엔책임투자원칙(UNPRI) 회장을 비롯해 세계 15개국에서 CSR 이슈를 주도하는 인사들 600여 명이 참석했습니다. 행사를 주관한 UNGC의 한국 협회 사무총장은 정부 지원 없이 기업 협찬으로 행사를 개최했다면서 이는 기업들이 CSR을 부담 아닌 기회로, 선택 아닌 필수로 생각하는 인식의 전환을 입증해 주는 것이라고 주장했습니다. 그는 한국이 CSR 및 사회 책임 투자(SRI)의 글로벌 허브가 되자는 비전을 내놓기도 했습니다. 하지만 한국을 CSR의 허브로 만들자는 주장은 실제 한국 기업의 현실에 비추어 판단하면 허황된 '정치적 수사'에 지나지 않습니다.

가령 UNGC의 국제 이사를 맡고 있는 SK 최태원 회장의 사례가 본보기입니다. SK는 이미 2003년 글로벌 분식 회계 사건 이후 '준법 경영실'을 설치하고 윤리 경영 실천을 다짐했지만 2011년 최 회장은 다시 회사 공금 횡령 혐의로 다시 검찰 조사를 받았고 끝내 구속됐습니다. UNGC는 기업의 지속 가능한 경영을 위해 인권·노동·환경·반부패의 4대 원칙 준수를 추구합니다. 세계 100여 개 국가의 수천여 회원들로 이루어져 있지요.

ISO26000의 핵심 주제와 쟁점

기실 전경련, 상공회의소, 경총이 언제나 '개탄'하듯이 한국 사회에는 '반기업 정서'가 폭넓게 퍼져 있기에 CSR은 여느 나라보다 중요합니다. 한국 사회 구성원들의 일상생활에 큰 영향을 끼치고 있는 대기업의 성장과 반기업 정서 사이의 괴리감은 개개 기업의 미래는 물론, 한국 경제와 그 안에서 살아가는 구성원들의 삶을 위해서도 바람직하지 않습니다.

따라서 국제 표준인 'ISO26000'에 한국 기업의 현실—다름 아닌 새내기 노동인들의 일터 현실—을 비춰 보아야 합니다. 국제 표준화 기구가 제시한 기업의 사회적 책임에는 일곱 가지 원칙이 있습니다.

여기서 주목할 것은 국제 표준화 기구가 최종안을 마련하는 과정에서 ISO26000이 기업만이 아니라 모든 조직에 통용될 수 있도록 수정한 사실입니다. 그러니까 사기업 새내기든 공무원 새내기든 일터에 들어간 모든 사람이 기억해 두면 유익할 '조직

ㄱ

의 국제 표준'입니다. 다음은 그 기본 원칙입니다.

원칙 1: 설명할 책임

모든 조직은 자신이 사회, 경제 및 환경에 끼치는 영향을 설명할 책임을 있다. 자신에 대한 적절한 감시를 받아들이고 대응하는 것은 조직의 의무이다. 조직은 '사회, 환경 및 경제에 끼친 조직의 의사 결정 및 활동의 영향, 특히 중대한 부정적 결과'와 '의도하지 않았고 예상하지 못한 부정적 영향의 재발을 방지하기 위해 취한 조치'에 설명할 책임을 져야 한다.

원칙 2: 투명성

조직은 **사회 및 환경에 영향을 끼치는 자신의 의사 결정 및 활동에 투명해야 한다.** 조직은 명백하고, 정확하고, 완전한 방식과 합리적이고 충분한 정도로 조직의 사회 및 환경에 끼치는 알려진 영향 및 일어날 수 있는 영향을 포함하여, 조직이 책임지는 정책과 의사 결정 및 활동을 공개해야 한다.

원칙 3: 윤리적 행동

조직은 윤리적으로 행동해야 한다. **조직의 행동은 정직, 평등 및 성실의 가치를 기반으로 해야 한다.** 이 가치는 인간, 동물 및 환경에 대한 관심 및 이해관계자의 이해관계에 끼치는 조직의 활동 및 의사 결정의 영향을 다루겠다는 의지표명을 뜻한다.

원칙 4: 이해관계자 이해관계 존중

조직은 이해관계자의 이해관계를 존중하고, 고려하며 대응해야 한다. 조직의 목표는 자신의 소유자, 회원, 고객 또는 구성원의 이해관계에 의해 제한될 수도 있지만, 다른 개인 또는 그룹도 조직이 고려하는 권리, 클레임 또는 특정 이해관계를 가질 수 있다. 포괄적으로 이러한 개인 또는 그룹이 조직의 이해관계자를 구성한다.

원칙 5: 법치 존중

조직은 법치 존중이 의무적이라는 것을 받아들여야 한다. 법치란 법의 우위를 말하며, 특히 어떠한 개인 또는 조직도 법 위에 있지 않으며 정부 역시 법을 따라야 한다. 법치는 권력의 자의적 행사와 대조된다. 일반적으로 법치는 법 및 규정이 성문화되고 민중에게 공개되며, 수립된 절차에 따라 공정하게 집행되는 것을 의미한다.

원칙 6: 국제 행동 규범 존중

조직은 법치 존중 원칙을 지키면서 국제 행동 규범을 존중해야 한다. 법 또는 법의 시행이 적절한 환경, 사회 보호 수단을 제공하지 않는 상황에서, 조직은 최소한 국제 행동 규범을 존중하도록 노력하는 것이 좋다. **법 또는 법의 시행이 국제 행동 규범과 상충하는 국가에서, 조직은 가능한 최대한 국제 행동 규범을 존중하도록 노력하는 것이 좋다.**

원칙 7: 인권 존중

조직은 인권을 존중하고 인권의 중요성 및 보편성을 인식하는 것이 좋다. 조직은 국제 인권 장전에 규정된 권리를 존중하고 가능한 한, 촉진하는 것이 좋다. 이러한 권리의 보편성, 곧 인권은 모든 국가, 문화 및 상황에서 불가분하게 적용한다. 인권이 보호되지 않는 상황에서는 인권을 존중하는 조치를 취하고 이러한 상황을 이용하는 것을 피해야 한다. **법 또는 법의 실행이 인권을 적절히 보호하지 못하는 상황에서는 국제 행동 규범 존중 원칙을 따른다.** (이하 인용문의 모든 굵은 글자는 저자 강조).

국제 표준화 기구의 움직임에 한국 정부도 반응할 수밖에 없었습니다. 기술표준원과 한국표준협회가 ISO26000에 근거해 작성한 '자가 진단 체크 리스트'를 내놓았습니다. 새내기 노동인들이 중견 노동인, 더 나아가 임원으로 성장해 가는 과정에서 자신의 일터를 스스로 점검해 보길 바라는 뜻에서 기술표준원이 정리해 놓은 7대 핵심 주제와 세부 사항을 <표1>과 함께 소개합니다.

첫째, 조직 거버넌스입니다. 조직이 목표를 추구하는 의사 결정을 내리고 그 의사 결정을 실행하는 체계를 이르는데요. 조직 거버넌스는 다른 6대 핵심 주제들을 이어 주는 중요한 역할을 맡고 있습니다. 앞서 제시한 기본 원칙이 조직의 의사 결정 과정에 기반이 되어야 합니다. 흔히 민주주의 국가의 정치와 행정의 변화를 '거번먼트(government)에서 거버넌스(governance)로'라고 간추리는데요. 통치에서 협치로 전환을 뜻합니다. 수직적이고 하향적인 의사 결정 구조에서 수평적이고 상향적인 의사 결정 구조로 바꾸는 것이 '조직 민주화'입니다.

둘째, 인권입니다. 사람의 권리에 대한 인식과 존중은 법치와 사회 정의 개념의 고갱이이며, 사법 체계와 같은 핵심적인 사회 제도의 기본 토대입니다. 국가가 인권을 존중하고 보호하며 실현할 의무와 책임이 있듯이, 모든 조직은 자신의 내부에서 인권을 존중할 책임이 있습니다.

셋째, 노동 관행입니다. 하청 노동을 포함하여 조직에 의한 또는 조직을 대신해서 수행되는 노동과 관련된 모든 정책 및 관행을 포함합니다. 노동 관행은 조직에 직접 고용된 피고용인 및 조직의 관계, 조직이 소유 또는 직접적인 통제권을 가지는 작업장에서 조직이 갖는 책임 그 이상을 의미합니다. 노동 관행은 고용과 관련된 사회적 이슈들을 다루기 위한 단체 교섭, 사회적 대화 및 노·사·정 협의에 노동인과 사용자 조직 모두 참여하는 것을 포함합니다.

넷째, 환경입니다. 조직이 어디에 위치해 있든, 조직의 의사 결정과 활동은 환경에 영향을 끼칩니다. 그 영향은 조직의 자원

ㄱ

<표1> ISO26000 핵심 주제와 쟁점

핵심 주제	쟁점
조직 거버넌스	수평적이고 상향적인 의사 결정 구조
인권	실사
	인권 위험 상황
	공모 회피
	고충 처리
	차별과 취약 그룹
	시민권과 정치적 권리
	경제, 사회 및 문화적 권리
	노동에서의 기본 원칙과 권리
노동 관행	고용과 고용 관계
	노동 조건과 사회적 보호
	사회적 대화
	노동에서의 보건과 안전
	노동에서의 인적 개발과 훈련
환경	오염 방지
	지속 가능한 자원 이용
	기후 변화 완화와 적응
	자연 보호, 생물 다양성 및 자연 서식지 복원
공정 운영 관행	반부패
	책임 있는 정치 참여
	공정 경쟁
	영향권 내에서의 사회적 책임 촉진
	재산권 존중
소비자 이슈	공정 마케팅, 사실적이고 편파적이지 않은 정보와 계약 관행
	소비자의 보건과 안전 보호
	지속 가능 소비
	소비자 서비스, 지원 및 불만과 분쟁 해결
	소비자 데이터 보호와 프라이버시
	필수 서비스에 대한 접근
	교육과 인식
지역 사회 참여와 발전	지역 사회 참여
	교육과 문화
	고용 창출과 기능 개발
	기술 개발과 접근성
	부와 소득 창출
	보건
	사회적 투자

갑질의 뿌리

이용, 조직의 활동이 이루어지는 장소, 오염, 폐기물의 발생 및 자연 서식지에 대한 조직 활동의 영향과 관련될 수 있습니다. 조직은 의사 결정과 활동의 직간접적인 경제적, 사회적, 보건적 및 환경적 영향을 고려하는 통합 접근 방식을 채택하는 것이 좋습니다.

다섯째, 공정 운영 관행입니다. 조직의 윤리적 행동을 의미합니다. 여기에는 조직 및 조직의 파트너, 공급자, 계약자, 고객, 경쟁자 및 조직이 속한 협회뿐만 아니라 조직 및 정부기관 간의 관계도 포함합니다. 공정 운영 관행 이슈는 반부패, 공공 영역에서의 책임 있는 참여, 공정 경쟁, 사회적으로 책임 있는 행동, 다른 조직과의 관계 및 재산권 존중에서 발생합니다.

여섯째, 소비자 이슈입니다. 제품과 서비스를 제공하는 조직은 소비자와 고객의 요구와 권리를 존중하고 질적으로 향상된 제품과 서비스를 제공하기 위해 노력해야 합니다. 교육과 정확한 정보 제공, 공정하고 투명하며 도움이 되는 마케팅 정보와 계약 프로세스의 이용, 지속 가능한 소비 촉진, 모든 사람에게 접근성을 제공하고, 취약 및 약자의 요구에 맞춘 제품 및 서비스의 설계를 포함합니다. 책임은 설계, 제조, 유통, 정보 제공, 지원 서비스, 철회 및 리콜 절차를 통해 제품 및 서비스 이용으로 인한 위험을 최소화하는 것을 아우릅니다. 많은 조직이 개인 정보를 수집 또는 취급하고 있는데요. 소비자의 정보 및 프라이버시를 보호할 책임이 있습니다.

일곱째, 지역 사회 참여와 발전입니다. 조직은 지역 사회에 다양한 방법으로 참여하고 민주적 시민의 가치를 반영하고 강화하며 지역 사회의 발전에 기여합니다. 지역 사회는 조직의 현장과 물리적으로 근접하거나, 조직의 영향 영역 내에 있는, 지리적 영역에 위치한 주거지 또는 다른 사회적 정주지를 의미합니다. 조직의 영향을 받는 영역과 지역 사회 구성원은 이런 영향의 맥락, 특히 그 규모나 성격에 따라 달라질 것입니다. '지역 사회'라는 개념에는 특정 이슈에 관심을 갖는 '가상 사회'처럼 특정한 공통 특성을 가진 사람들의 그룹도 포함됩니다.

지역 사회 참여와 지역 사회 발전은 둘 다 지속 가능 발전의 필수적인 부분입니다. 지역 사회 참여는 조직의 활동이 끼치는 영향과 관련해서 이해관계자들을 식별하고 참여시키는 것 이상의 의미가 있습니다. 지역 사회를 지지하고 그와 관계를 쌓아 가는 일을 포괄합니다. 무엇보다도 지역 사회의 가치를 인정해야 합니다. 조직이 그 지역 사회와 공통의 이해관계를 함께 하는 이해관계자라는 인식에서 참여하는 것이 좋습니다.

여기서 우리 정부가 ISO26000의 국제적 파급력이 크다고 판단한 사실, 국제 표준에 근거해 구체적으로 진단 리스트를 내놓음으로써 ISO26000에 관한 인식 확산에 나선 사실을 평가하는 데 인색할 필요는 없습니다.

하지만 정부가 한 일은 체크 리스트를 만든 수준에서 더는 한 걸음도 나아가지 않은 '책임 회피용'에 그쳤지요. 정부가 제시한 자가 진단표를 기업이 묵살하는 과정에서 우리는 흥미로운 사실을 발견할 수 있습니다. 건강한 여론을 형성해 나갈 의무가 있는 한국 언론의 철저한 모르쇠가 그것입니다. 무엇보다 ISO26000에 대한 신문과 방송의 보도 자체가 양적으로 절대 부족했습니다. 이미 국제 사회가 2001년부터 활발하게 논의했고 2010년 국제 표준을 공식 발표했지만, 신문 지면과 방송 화면에서 ISO26000과 관련한 보도는 지극히 적었지요.

신문 시장을 독과점한 세 신문사와 방송 시장을 독과점한 세 방송사 모두 '기업의 사회적 책임'에 대한 국제 표준(글로벌 스탠더드)을 소극적으로 보도하거나 아예 외면했습니다.

정부의 소극적 대응과 그마저도 외면해 온 언론 보도로 한국 사회 구성원들에게 ISO26000은 널리 알려지지 못했음은 물론, 낯선 개념이 되었습니다. 직접적 당사자인 한국 기업들이 실제로 ISO26000의 표준을 얼마나 이행하고 있는지 조사해 보면 문제는 더 심각해집니다.

한국을 대표하는 수출 대기업들 가운데 대표 격인 삼성전자와 현대자동차는 각각 자신의 홈페이지에 기업의 사회적 책임과 관련된 활동을 적극 소개하고 있습니다. 홈페이지에 '전시'한 CSR 성과들은 홍보 또는 과시용이 대부분이라는 비판적 시선도 가능하지만, 바로 그렇기 때문에 그 기업이 얼마나 ISO26000의 국제 표준을 이행하고 있는지 파악할 수 있는 최선의 1차 자료임에는 틀림없습니다.

삼성전자와 현대자동차는 사회적 책임을 주제로 한 보고서를 정기적으로 내놓고 있습니다. 삼성전자의 CSR 사무국이 발표하는 '지속 가능 경영 보고서'는 '사회적 책임 실천 및 가치 창출' 제목 아래 "경제적 이익 창출이라는 기업 본연의 목표를 달성하는 동시에 양극화, 빈곤 및 기아 등 전 지구적 문제를 해결하고 사회적으로도 긍정적 가치를 창출하기 위해 노력하고 있다"면서 "아동 및 청소년 교육 지원, 저소득층 의료 혜택 제공"을 강조합니다.

현대자동차 '경영 전략실 보고서도 지속 가능 경영에 대한 의지와 성과를 투명하게 드러냄으로써 이해관계자가 현대자동차에 대해 균형적인 시각을 가질 수 있도록 했다고 자부합니다. 보고서는 "사회 책임 경영" 대목에서 현대자동차가 사회 책임 경영을 선포하고 '사회 책임 위원회'를 구성한 사실을 부각했습니다.

삼성전자와 현대자동차의 보고서는 두 기업이 '사회적 책임'을 얼마나 잘 수행하고 있는지를 과시하고 있는데요. 한국을 대표하는 두 대기업이 CSR에 관심과 정성을 쏟는다면 좋은 일이거니와, 세계적 기업으로 더 성장해 나가기 위해 사회적 책임의 국제적 표준을 무시할 수 없다는 사실을 누구보다 명확하게 인식하고 있다는 증거로 판단할 수도 있습니다. 두 기업의 회장이 '신년사'를 내놓을 때 종종 사회적 책임을 직접 강조해 왔기에 더 그렇습니다.

그러나 한국 기업인들의 연설이나 기업들이 적극적으로 발표하는 보고서, 홈페이지에 소개한 내용들을 국제 표준인 ISO26000으로 꼼꼼히 분석하면 사뭇 다른 결과가 나옵니다. ISO26000은 <표1>의 7개 핵심 주제별로 '기대 사항'을 명시했는데, 여기에는 "결사의 자유와 단체 교섭권을 보장"하고, 강제 노동을 금지한다는 인권 조항을 비롯해 "노동 조건을 국제 노동 기준 및 국내법에 따르는지 확인하여야 한다"가 포함돼 있거든요.

그런데 두 대기업이 '과시'하는 CSR 보고서와 관련 1차 자료들을 아무리 조사해도 노동과 인권, 조직 거버넌스에 대한 ISO26000의 권고를 충족하는 대목을 찾을 수 없습니다. 두 대기업이 국제 표준을 사실상 외면하고 있다고 볼 수 있는 거죠.

ㄱ

그 결과입니다. 두 대표적 기업만이 아니라 주요 대기업들은 여러 부문에서 글로벌 스탠더드인 ISO26000에 크게 부족합니다. 대기업들로서는 ISO26000이 인증 아닌 검증 체제로 시작되었기에 강제성이 없으므로 영향력이 크지 않으리라 판단할 수 있고 따라서 그 이행에도 소홀할 수 있습니다.

하지만 그것은 급변하는 21세기 기업 환경에서 잠재적 위험을 외면하는 단견이며 효율적 대처 방안도 아닙니다. 이미 세계 경제의 장기 침체 국면에서 기업들의 경영 환경에 위험 요인이 높아지고 있기 때문입니다.

ISO26000이 출범한 뒤 유럽 여러 나라들은 자국 기업을 위해 '가이드라인'을 만들었고, 사회 책임을 제대로 이행하는 기업에만 투자하는 사회 책임 투자(SRI)도 빠르게 성장하고 있습니다. 한국 대기업들이 적극 진출하고 있는 브라질, 멕시코를 비롯해 중남미의 여러 국가들도 ISO26000을 근거로 기업의 사회 책임에 관한 국가 표준을 만들고 있습니다. 유럽과 비교하면 미국은 기업의 생존과 이윤 창출이라는 틀에 갇혀서 총체적인 사회적 책임을 거론하기보다 실리적 활동에 초점을 맞추는 한계가 있지만 그곳에서도 CSR이 확산되고 있지요.

이미 '세계의 공장'으로 자리를 굳힌 중국은 처음에 반대했지만 찬성으로 돌아선 뒤 정부가 빠른 속도로 추동해 나가고 있습니다. 중국 경제가 저가품으로 성장하는 것은 한계에 부닥쳤고 더 발전하려면 고부가가치 제품 생산으로 전환해야 한다는 전략적 판단과 맞닿아 있습니다. 저가품인 경우는 사회 책임 이행 여부가 큰 문제가 되지 않았지만 고가 제품을 사는 유럽과 미국의 소비자들은 다르다는 사실을 간파했기 때문이지요.

일본은 처음부터 긍정적으로 받아들이며 전 산업계가 유럽과 마찬가지로 ISO26000에 공감했습니다. 일본 경제단체연합회(경단련)의 행보는 한국의 전경련과 대조적입니다. 일본 경단련은 ISO26000의 발효 이후 '기업 행동 헌장'을 국제 표준에 맞추어 개정하고 기업들이 활용할 것을 촉구하고 나섰습니다.

문제는 한·중·일 동아시아 3국 가운데 한국, 특히 대기업들의 둔감과 소통 부재입니다. 한국 주요 기업, 특히 매출액 1, 2위 기업의 ISO26000 이행 수준이 우수하지 못한 것은 비단 그 기업의 문제로 그치지 않습니다. 수출입 의존도가 큰 한국 경제에서 대기업들의 미래는 국민 경제와 직결될 가능성이 높습니다. 새내기 노동인들이 기업의 국제 표준을 정확히 알고 있어야 할 이유입니다.

ISO26000은 새내기 노동인들이 자신이 다니는 직장 조직을 판단하는 근거가 될 수 있을뿐더러 개선을 요구하는 논리, 부드러운 무기가 될 수 있습니다. 새내기 노동인들이 몸담은 일터가

ㄱ

글로벌 표준으로 운영된다면 갑질은 '햇빛 앞의 곰팡이'가 되겠지요.

물론, 그 일 또한 혼자 힘으로는 어렵습니다. 바로 그래서 힘을 모아야 합니다. 고용 관계, 곧 노사 관계에 들어간 개개인은 조직과 자본 앞에서 무력할 수밖에 없거든요.

그럼 천박한 갑질을 뿌리까지 뽑으려면 어떤 무기가 필요할까요. 다음 'ㄴ 노동의 권리'에서 논의해 보죠.

기업 세습은 자본주의에서 당연하다?

애써 키운 기업을 자기 자식에 물려주는 것은 당연하다고 생각하는 사람들이 한국 사회에선 대다수입니다. '재벌가 후손'의 기업 승계를 자연스럽게 담은 드라마들이 수십여 년에 걸쳐 '안방 극장'에 들어왔고, 그 영향을 받은 부모 아래서 자녀들이 성장해 왔거든요.

더러는 자식을 후계자로 삼는 인간의 본능을 내세우기도 합니다. 경제학자들의 주장은 더 세련되었지요. 역사적 근거를 제시합니다. 사유 재산권이 보장될 때 비로소 중세의 굴레를 벗어나 근대 경제가 열렸다며 세습의 정당성을 주장합니다.

하지만 조금 더 촘촘히 들여다볼 필요가 있습니다. 토지에 기반을 둔 중세 체제에서 상공인들이 재산을 보호받지 못한 것은 사실입니다. 그들이 재산을 더는 탈취당하지 않으면서 경제가 성장한 것도 맞습니다. 하지만 거기까지입니다. 기업이 커져 가면서 양상은 달라졌습니다. 기업은 한 개인이 운영하는 '구멍가게'가 아니니까요. 기업은 창업자만이 아니라 수많은 사람들의 힘으로 커져 갔습니다.

세계 자본주의를 주도하는 미국에서 '기업 세습'은 드뭅니다. 창업한

ㄱ

기업인이 은퇴하면 전문경영인이 경영을 이어갑니다. 당장 애플을 보세요. 스티브 잡스가 죽은 뒤 그의 아들이 물려받지 않잖습니까? 애플이야말로 창업자인 스티브 잡스의 창의력에 전적으로 의존했던 기업인데도 그랬습니다.

한국 언론은 미국에서 '오너 경영'의 기업 성과가 더 좋다는 연구들을 즐겨 인용합니다. 하지만 그 또한 잘 짚어야 합니다. '오너 경영'을 한다며 예로 드는 미국 기업들 대부분은 창업 기업들입니다. 창업자가 죽거나 은퇴하면 애플의 사례처럼 전문 경영인이 이어갑니다. 창업자와 함께 그 기업을 키우는 데 가장 공헌한 사람이 맡는 거죠.

유럽은 '가족 대기업'이 많다고도 합니다. 하지만 그 가족 기업에서도 2세, 3세가 직접 경영을 맡기보다는 대주주로 이사회에서 경영을 감시하는 정도에 그칩니다. 더러 능력을 인정받으면 이사회에서 2세나 3세가 최고 경영자로 선출되기도 합니다. 하지만 그때에도 한국처럼 '황제 경영'을 하는 것은 어림없는 일입니다.

문제는 간명합니다. 새내기로 들어가서 자신이 그곳의 CEO가 될 수 있다는 희망을 품을 수 있는 기업과 청장년을 다 바쳐 아무리 열심히 일해도 CEO의 어린 아들이 다음 CEO로 군림하는 기업이 경쟁한다면 장기적으로 누가 이길까요.

한국의 황제 경영과 자본의 갑질은 대한민국 경제를 망칠 수 있기에 위험합니다.

ㄴ

노동의 권리

ㄷ

1

노동인의
자기 정체성

지금 이 글을 읽는 새내기 독자에게 솔직히 묻고 싶습니다. 정말 자신을 '노동자'라고 인식하고 있나요? 많은 이들이 부정적으로 대답하리라 짐작됩니다. 그럼 '노동조합'에 대해서는 어떻게 생각할까요? 그 또한 부정적이거나 부담스럽게 다가올 가능성이 높습니다. 새내기만이 아니라 노동조합에 10년 넘게 가입해온 '조합원'들도 노동인으로서 정체성을 지닌 사람은 그리 많지 않습니다.

회사원=직장인≠노동인(?)

기실 노동인이나 노동조합에 대한 부정적 인식은 새내기 개개인의 문제도, 그들의 책임도 아닙니다. 대한민국에서 태어난 사람들은 초·중·고등학교나 대학에서 노동의 의미를 배울 기회가 거의 없으니까요. 교육 현장 못지않게 신문과 방송도 오랜 세월에 걸쳐 노동을 불온시하거나 적대해 왔습니다.

그 결과는 어떨까요? 촛불 혁명이 일어났던 그해 2016년에 서울 성북·강북·송파 지역 3개 학교 5개 학급 110명의 초등학생을 상대로 한 설문 조사에서 '노동'이라는 말을 듣고 긍정적인 단어를 떠올린 학생은 12명(10.9%)밖에 되지 않았습니다(경향신문 2016년 4월 28일).

반면 부정적인 단어를 떠올린 학생은 69명(62.7%)에 달했지요. '노동'이라는 말을 듣고 떠오른 단어 1위는 '힘듦·힘든 일'(53명, 48.1%)입니다. '노예/천민'을 떠올린 학생도 7명(6.3%)이나 됐습니다. 그 밖에 '돈·월급'(11명), '공사장'(3명), '공장'(2명), '하기 싫다'(2명)였고 심지어 '아프리카'라는 답변도 두 명이나 나왔습니다. 노동조합이 무엇인지 모른다고 답한 학생은 56명으로, 안다고 밝힌 학생(28명)의 두 배(무응답 26명)로 나타났지요.

초등학생들은 '노동자'라고 생각하는 직업 1위로 아파트 경

ㄴ

비원(81명), 2위로 마트 계산원(74명)을 골랐습니다. 이는 천주교 서울대교구의 노동사목위원회가 중·고등학생 1818명을 대상으로 설문 조사해 같은 시기에 발표한 '주일 학교 청소년들의 노동 인식 및 아르바이트 실태 조사 결과'와도 비슷합니다. 중·고교생들도 '노동자'라고 생각하는 직업으로 아파트 경비원(1279명), 농부(1251명), 마트 계산원(1248명) 순으로 답했거든요. 중·고교생들이 희망하는 직업 1위는 교사였고 의사, 과학자 순이었습니다.

청소년들은 대체로 자신들의 희망 직종이 '노동자'가 아니라고 응답했습니다. 넥타이 매고 출근하면 노동인으로 보지 않는 거죠.

2019년의 설문 조사를 볼까요. 전국 중·고교생과 학교 밖 청소년 등 570명에게 물었더니 '노동=돈 벌기 위해 어쩔 수 없이 하는 몸 쓰는 고된 일'이라는 인식이 드러났습니다(서울신문 2019년 4월 24일). 생산직은 '노동자'로 본 반면 사무직은 '노동자'가 아니라는 인식이 강했습니다. 설문에서 20개 직종을 제시하고 '노동자로 생각하는 직업'을 모두 표기해 달라'고 했는데요. 건설 현장 인부(90.4%), 배관공(78.8%), 마트 계산원(76.3%), 철도 기관사(70.0%)를 주로 들었습니다. 흥미로운 사실은 설문 조사 응답자의 80.9%가 '노동자'보다 '근로자'라는 단어를 더 적절한 표현이라고 답한 점입니다.

'노동자'에 대한 일그러진 인식은 서울에 있는 네 개 고등학교 2학년 378명을 대상으로 한 조사에서도 확연합니다. '노동자 하면 주로 어떤 이미지가 떠오르느냐'는 설문에 '나는 되고 싶지 않다'(39.4%), '가난하다'(34.7%), '불쌍하다'(33.6%)라는 응답이 다수였습니다. '미래의 나의 모습이다'이라거나, '자랑스럽다'는 응답은 각각 5%와 3.2%에 지나지 않았지요(이코노미21 2006년 3월 27일). 굳이 앞의 조사들과 달리 2006년 조사까지 덧붙인 이유는 다름 아닌 90년대생들의 청소년 시절 인식을 엿볼 수 있기 때문입니다.

각각 초·중·고등학생들을 대상으로 한 세 설문 조사의 시차는 10년이 훌쩍 넘지만 청소년들의 달라진 의식은 도무지 보이지 않습니다. 그럼 대학생들은 어떨까요?

제가 신문사 논설위원 시절에 겸임 교수로 처음 대학 강의를 맡았을 때인데요. 강의실을 가득 메운 수강생들에게 물어보았습니다. 수강생 대부분이 4학년 마지막 학기였습니다.

"곧 졸업하시죠. 노동자가 될 사람 손들어 보실래요?"

70여 명의 수강생 가운데 아무도 손을 들지 않았습니다.

"그럼 뭐 하실 건가요?"

망설임 없이 한목소리로 답하더군요.

ㄴ
_____

"취업이요."

저는 그때 시간을 쪼개 대학 강의에 나서길 잘했다는 생각이 들었습니다. 그 수강생들 가운데 기자나 피디를 꿈꾸는 학생들이 많았고 실제로 그때 강의를 들은 학생들 가운데 지금 KBS, MBC, SBS, 한겨레에서 일하는 기자들이 있는데요. 그 첫 시간에 '여러분이 신문사나 방송사에 들어가면 대한민국 통계청은 여러분을 노동 인구로 분류하고 여러분 자신도 노동조합에 가입하게 된다'고 설명해 주었습니다.

새삼스런 상식이지만, 취업은 자영업을 선택하지 않는 절대다수에게 노동 계약을 맺는 일입니다. 한국 사회 구성원의 대다수는 일할 사람을 고용하는 갑이 아닙니다. 갑이 고용하는 일할 사람, 을이지요. 통상 근로 계약 또는 고용 계약이라고도 부르는 노동 계약은 노동인과 고용자 사이에 노동력 제공과 임금 지불을 약속하는 계약입니다. 불평등한 용어를 공문서에 쓰지 말자며 '갑'과 '을'이라는 표현을 계약서에 담지 않더라도 실제 갑을 관계가 사라지지는 않습니다.

신문과 방송이 자주 쓰기에 사람들이 자연스럽게 받아들이는 '회사원'은 대한민국 통계청도 쓰지 않는 호칭이지요. 통계청이 발표한 경제 활동 인구 조사에 '회사원'이라는 말은 없습니다. 생산직이든, 서비스직이든, 관리직이든 '노동력을 제공하고 임금을 지불받는' 모든 사람을 정부 기관조차 '노동 인구'로 분류하고 있습니다.

새삼스럽지만 노동인의 사전적 뜻을 명확히 짚고 가죠. "노동력을 제공하고 얻은 임금으로 생활을 유지하는 사람"입니다. 그러니까 일터에서 나가 일(노동)을 하고 월급(임금)을 받는 사람, 바로 그 사람이 '노동인'입니다. 흔히 '노가다'로 낮춰 보는 "가난하고 불쌍한" 일용직 노동인만 노동인이 아니라는 뜻이지요.

자동차나 컴퓨터, 손전화(휴대폰)를 생산하는 대기업에서 일하는 모든 생산직과 사무직도, 국가 기구의 일선에서 민중들과 만나는 공무원도, 초중고 학교의 교사도, 대학교수도, 대학 병원에 고용되어 진료하는 의사도, 신문과 방송사의 기자와 프로듀서·아나운서도, 국가에 고용된 판사나 검사도 모두 노동인입니다. 농민이나 영세 자영업인도 임금을 받는 것은 아니지만 스스로 노동을 해 살아갑니다. 여러 직업으로 나누어지지만 국민 대다수가 노동인으로 살아가는 것은 분명합니다.

그런데 왜 노동인이 자신의 미래 모습이라고 생각하는 청소년이 겨우 5%에 지나지 않을까요. 실제로는 대다수가 취업을 갈망할뿐더러 노동인이 되려고 '스펙 쌓기'에 몰입할 수밖에 없는데 왜 물구나무선 인식을 하고 있을까요.

청소년 시절에 받는 '의무 교육'에서 노동인을 멸시하는 일이

버젓이 저질러지기 때문입니다. "대학 가서 미팅할래, 공장 가서 미싱할래" 따위가 '급훈'으로 버젓이 교실에 걸려 있는 중고교에서 자라난 청소년들이 노동인을 어떻게 인식할지는 불을 보듯 뻔합니다.

노동에 대한 멸시는 스스로 일해서 살아가기보다는 수단 방법을 가리지 않고 부자가 되겠다는 생각에 사로잡히게 합니다. 대학과 공장을 정반대의 갈림길로 놓고 '미팅'과 '미싱'을 대칭의 자리에 놓거나 "10분 더 공부하면 아내의 얼굴이 바뀐다"라는 급훈 아래서 뼈가 자란 대한민국 국민은 알게 모르게 노동인이나 여성을 비하하는 차별적 편견을 '체득'하게 되는 것이지요.

여는 글에서 밝혔듯이 영어 'worker'에 해당하는 우리말을 이 책이 '노동자'보다 노동하는 사람, 곧 '노동인'으로 굳이 바꿔 쓰는 이유입니다. 21세기 일터 현장이 정보화·지능화하는 흐름이기에 '노동인'이란 말은 더 적실합니다. 저는 90년대생 이후의 새내기 노동인들이 그 말을 의식적으로 써간다면 빠르게 정착되리라고 믿습니다.

노동에 대한 뿌리 깊은 편견이 한국 사회에 깊숙이 뿌리내리게 된 데에는, 하여 노동인으로서 자기 정체성조차 희박한 데에는 역사적 배경이 있습니다. 상공인이 그렇듯이 노동인의 출현도 역사적입니다. 둘 다 고대부터 있던 존재가 아니라 근대 사회

노동의 권리

113

의 산물인 역사적 존재이니까요.

상공인들을 톺아볼 때처럼 먼저 유럽의 노동인들부터 짚어 보죠. 인간은 직립 보행을 시작하며 노동을 해왔지만 우리가 '노동인(worker)'이라고 할 때, 근대 사회로 국한합니다. 그 이전에 살던 사람들의 노동은 농업 노동이 중심이었고 그들은 신분제 아래서 법적으로 자유롭지도 못했거든요.

19세기 영국 맨체스터의 살풍경

상인과 수공업자들은 자신의 사업 규모가 커지면서 사람을 부리기 시작합니다. 바로 노동인의 탄생이지요. 중세 신분제 아래에서 토지에 얽매여 있던 농노들이 도시로 나와 시장에 자신의 노동력을 팔기 시작하는 순간이 임금을 받아 살아가는 근대적 노동인의 탄생입니다.

상공인들은 중세 신분제에 기반을 둔 귀족 계급에 맞서 시민 혁명을 일으켰는데요. 그때 자신들이 고용하고 있던 노동인들을 앞세웠습니다.

왕정을 무너뜨리고 귀족 계급—조선에선 토지에 기반을 두고 군림한 지주들인 양반 계급—을 몰아낸 뒤 지배권을 갖게 된

ㄴ

유럽의 상공인 계급은 산업 혁명을 거치면서 막강한 부를 축적했습니다.

왕정을 타도하거나 왕권을 제한한 상공인들은 자신들이 고용하고 있던 노동인들의 힘이 커지는 것을 경계하게 됩니다. 노동인들이 노동 운동을 통해 자신들의 목소리를 내기 시작하면서 상공인들은 기득권을 지키려는 세력이 되었지요.

결국 왕권이 중심이 된 신분제 사회를 넘어 민주주의를 연 근대 사회는 축적한 부와 튼튼한 자본력을 가진 상공인들과 그들에게 고용된 노동인들로 양극화되어 갑니다. 상공인들도 대자본가로 성장하거나 파산한 사람으로 분해되었지요. 말 그대로 자본을 중심으로 한 자본주의 사회가 뿌리내리면서 소수의 자본가들과 절대다수인 노동인들 사이의 갈등이 무장 커져 갔습니다.

가장 먼저 자본주의가 발달한 영국의 노동법 제정 과정은 근대 민주주의 사회가 어떻게 전개되어 왔는가를 날카롭게 증언해 줍니다. 시민 혁명으로 법 앞의 평등을 내걸었지만, 노동인들과 관련해 역사적으로 등장한 첫 번째 노동법 이름은 놀랍게도 '토론회 금지법'(1799)입니다. 이듬해엔 '노동인 단결 금지법'(1800)이 제정되었지요.

겨우 200여 년 전이지만 지금 생각하면 도무지 실감할 수 없는 법입니다. 어떻게 토론회를 금지하는 법을 만들고 집행할 수 있었을까요? 상공인들이 노동인들을 어떻게 보았는지 단적으로 드러내지요.

노동인들에게 단결은 물론 토론까지 금지한 법은 그만큼 상공인들이 '생각하는 노동인들'을 두려워했다는 방증입니다. 실제로 1840년대 영국의 도시 풍경을 기록한 글은 당시 노동인들의 삶이 얼마나 힘들었는지를 생생하게 보여 줍니다.

산업 혁명 발상지 맨체스터의 노동인들이 모여 사는 지역의 살풍경인데요. 노동인들은 대부분 방 둘에 지하실과 다락방이 하나씩 있는 허름하고 나지막한 오두막 한 채에 평균 스무 명씩 기거하고 있었습니다. 방이 둘뿐인 작은 집에 스무 명이라는 숫자가 상상이 안 되죠. 더구나 화장실은 집 밖에 있어 공동으로 썼는데 주민 120명에 하나꼴이었지요.

줄을 서서 발을 동동 구르다가 도저히 참을 수 없을 땐 도리 없었습니다. 골목은 사람의 배설물에 더해 가축들의 똥오줌이 여기저기 깔려 악취로 코를 찔렀지요. 거주자 대다수는 죄다 색바랜 옷을 걸치고 그곳을 맨발로 오갔습니다. 믿기 어렵겠지만 그것이 19세기 전반에 자본주의가 가장 발달한 영국의 도시 풍경이었습니다.

가족의 품은 먹고살기 힘든 사람들에겐 축복이 아니라 저주였습니다. 딸들은 열두 살만 되면 결혼시켰지요. 경제적 부담을 덜기 위함이었습니다.

그럼 아들은 조금 나았을까요. 아닙니다. 같은 경제적 이유로 여섯 살부터 거리로 내몰렸습니다. 야윈 몸 위의 파리한 얼굴은 하나같이 무표정이었습니다. 어차피 다치거나 병에 걸렸기에 오히려 죽음을 자비롭게 여겼지요. 주민들은 "여기는요. 장례식이 곧 축하 행사랍니다. 이 세상을 먼저 떠난 행운아를 왁자지껄 기려요"라고 말했습니다.

맨체스터의 상공인들은 이른바 '도시 계획'을 통해 노동인들을 숫제 눈에 보이지 않는 곳으로 몰아넣었습니다. 눈에서 멀어지면 마음도 멀어지게 마련이니까요.

1840년대 세계 최강국이었던 영국, 그것도 산업 혁명의 발상지에서 살고 있던 노동인들의 삶은 그렇게 비참했습니다. 공장이 밀집해 있던 맨체스터만이 아닙니다. 수도 런던에서도 부유한 사람들과 가난한 사람들은 서로 다른 세계에 살았습니다.

당대의 작가이자 정치인 디즈레일리가 출간한 소설 제목조차 '두 개의 국민'이었습니다. 보수적인 정객 디즈레일리의 눈에도 한 도시 안에 부자와 빈자가 완전히 별개인 풍경이 들어온 것이지요.

자본주의 초기, 기업이 등장했던 시기의 영국 런던과 맨체스터의 모습은 21세기인 지금의 도시 풍경과 많이 다릅니다. 그 200년 남짓 시기에 무엇이 있었기에 달라졌을까요?

바로 노동인들의 싸움입니다. 노동인들은 현실에 순응만 하지 않았습니다. 토론회 금지나 단결 금지에 저항해서 싸웠지요. 결국 자본주의 발상지이자 종주국이던 영국에서 단결 금지법이 24년 만에 폐지됩니다. 비로소 노동인들이 단결해서 노동조합을 이룰 권리를 확보할 수 있었습니다.

하지만 상공인들이 순순히 물러선 것은 아닙니다. 단결 금지법을 폐지하며 단결 완화법을 제정했는데요. 그때 처음으로 "노동인들의 단결과 실천으로 인해서 이윤이 적게 났다면 노동인들이 민사상 손해 배상의 대상이 된다"는 조항을 집어넣었습니다.

그럼에도 어쨌든 단결할 수 있는 단초가 열린 셈이지요. 노동인들이 힘을 모아 싸운 결과, 하루 노동 시간 18시간이 12시간으로 줄어든 것은 1833년입니다.

지금은 상식처럼 되어 있고, 유럽의 선진국일수록 더 줄어들고 있지만 하루 8시간 노동제가 시작된 것은 1890년대에 들어서서입니다.

당시 미국의 상공인들은 자신들의 경제력을 과시하기 위해 100달러짜리 지폐로 담배를 둘둘 말아 피웠습니다. 이빨에 다

ㄴ

이아몬드를 박기도 했지요. 그들이 웃을 때 입을 어떻게 벌렸을까 상상해 보면 쓴웃음이 나옵니다.

반면 그들이 고용한 노동인들은 하루 12시간에서 16시간에 이르는 긴 시간을 일하고도 일주일에 7달러, 기껏해야 8달러를 받았습니다. 한 달 꼬박 일해도 32달러 정도를 벌었고, 그 가운데 3분의 1은 허름한 판잣집의 방세로 나갔습니다. '임금 노예'라는 말이 가장 적실한 표현이었지요.

우리가 역사 곳곳에서 확인할 수 있는 진리가 있습니다. 억압이 있는 곳에선 반드시 저항이 뒤따르지요. 1886년 봄, 미국 노동인들은 마침내 8시간 노동제를 요구하며 파업을 벌였습니다. 물론 평화적 행사였지요. 그런데 미국 경찰은 시카고에서 파업을 벌이는 노동인들에게 '법질서'를 이유로 발포했고, 어린 소녀를 비롯해 여섯 명의 노동인이 생때같은 목숨을 잃었습니다.

다음날, 경찰의 만행을 규탄하는 집회가 헤이마켓 광장에서 열립니다. 노동인과 가족, 시민들이 참가한 평화적 집회가 마무리되어 갈 무렵, 갑자기 사제 폭탄이 쾅 터집니다. 그 순간 경찰들의 발포가 시작됐고, 노동 운동 지도부가 폭탄을 터뜨렸다며 모두 체포합니다.

정부는 노동 운동 지도자들을 폭동 교사 및 살인 혐의로 구속했지요. 미국 신문들은 기다렸다는 듯이 마녀사냥에 나섰습니다. 그들은 "주동자를 사형시켜야 한다"라고 사설로 선동했습니다. '여론 재판'으로 몰아가기, 그것이 마녀사냥의 전형적 수법이지요. 이것이 세계 노동 운동사에 길이 남은 '헤이마켓 사건'입니다.

결국 미국 법원은 기소된 전원에 유죄를 선고하고 '주동자' 5명에 사형 선고를 내렸습니다. 그 가운데 한 명이 재판관을 응시하며 진술한 최후의 사자후는 지금도 역사의 핏빛 골짜기에서 메아리치고 있습니다. 노동 운동가는 "만약 그대가 우리를 처형함으로써 노동 운동을 쓸어 없앨 수 있다고 생각한다면, 그렇다면 우리의 목을 가져가도 좋다!"고 당당했습니다. 곧이어 "가난과 불행과 힘겨운 노동으로 짓밟히고 있는 수백만 노동인의 운동을 누가 감히 없애겠단 말인가! 당신은 하나의 불꽃을 짓밟아 버릴 수는 있을 것이다. 그러나 당신 앞에서, 뒤에서, 사면팔방에서 끊일 줄 모르는 불꽃이 들불처럼 타오르고 있다. 그렇다. 그것은 들불이다. 당신이라도 이 들불을 끌 수는 없다"고 역사적 승리를 낙관했지요.

이듬해인 1887년 11월 11일 노동 운동 지도자 네 명에게 기어이 사형을 집행됐습니다. 한 명은 사형 직전 감옥에서 자살했지요. 6년 뒤 시카고 주지사는 재판이 부당했다며 살아남은 노동 운동가들을 사면했습니다. 짐작했을지 모르겠지만, 사제 폭탄

폭발은 경찰의 자작극으로 밝혀졌습니다. 노동 운동 지도부를 '일망타진'하려는 교활한 흉계였지요.

억울하게 사형당한 또 다른 노동 운동 지도자의 최후 진술은 노동인들의 싸움 그 밑절미에 사랑이 자리하고 있었음을 보여 줍니다. 그는 자신이 "지금은 비록 임금을 받아먹고 사는 노예에 지나지 않는다"고 현실을 진단한 뒤 "하지만 그렇다고 이 노예 같은 신분에서 벗어나기 위해 나 자신이 노예의 주인이 되어 남을 부리는 것은, 나 자신은 물론 내 이웃과 내 동료들을 욕되게 하는 것이라고 확신"한다고 밝혔습니다.

실제로 최후 진술처럼 그가 노동 운동에 투신하지 않았다면 "지금쯤 시카고 시내의 어느 거리에 호화로운 저택을 장만하고 가족과 더불어 사치스럽고 편안하게 노예들을 부려가며 살 수 있었을 것"입니다. 얼마든지 호사롭게 살 수 있는 길이 있었지만, 자신의 행복을 위하여 다른 사람을 부릴 수 없었다는 노동 운동가가 남긴 최후 진술은 인생의 의미를 깊은 울림으로 가르쳐 줍니다.

미국에서 흑인 차별이 몹시 심했던 그 시기, 사형당한 그 노동 운동가는 흑인 여성과 결혼했다는 이유만으로 헤이마켓 사건 이전부터 '동료' 백인들로부터 온갖 수모를 당했습니다. 최후 진술을 조금 더 들어볼까요? 그는 "파업하는 노동인에게 폭탄을 던지라고 말한 것이 누구인가? 독점 자본가들 아닌가? 그렇다. 그들이 주모자이다. 5월 4일 헤이마켓 광장에 폭탄을 던진 것은 바로 그들이다. 8시간 노동 운동을 분쇄하기 위해 뉴욕에서 특파된 음모자들이 폭탄을 던진 것이다. 재판장, 우리는 단지 그 더럽고 악랄 무도한 음모의 희생자들"이라고 날카롭게 고발했습니다.

자신의 안락한 생활을 접고 같은 시대를 살아가는 사람의 고통에 동참했다가 억울한 누명을 쓴 채 사형당한 노동 운동가들, 그들의 사랑은 과연 헛된 일이었을까요? 전혀 아니지요. 그들은 헤이마켓 광장의 폭탄 조작 사건으로 형장의 이슬처럼 사라졌지만, 아침이슬로 빛나는 희생에 공감한 노동인들의 8시간 노동제를 요구하는 운동은 마른 광야의 들불처럼 번져갔지요.

기꺼이 자신의 목숨까지 바친 노동인들의 사랑을 밑거름으로 하루 8시간 노동 제도는 마침내 입법되어 꽃을 피우게 되었습니다. 사형당한 백인 노동 운동가의 흑인 아내도 여든 살이 넘어 숨질 때까지 줄곧 노동 운동 진영에서 싸웠습니다.

분명히 짚고 갑시다. 지금 이 순간 하루 8시간 노동 제도가 뿌리내린 한국 사회에 사는 대다수는 나라 안팎의 수많은 노동 운동가들이 온몸을 던져 실현한 사랑, 그 사랑의 수혜자들입니다. 새내기 노동인들도 그 혜택을 받게 된 거죠.

ㄴ

만일 그들이 자기 한 몸이나 가족과 눈앞의 행복을 위해 꾹꾹 참고 침묵하며 살다 갔다면, 하루 15시간이 넘는 장시간 노동에 얼마나 많은 사람이 더 혹사당했을까요?

갈등을 외면하거나 덮어둔 채 화합을 외치며 법치를 강조하는 사람과 갈등이 불거지는 원인을 짚고 그것을 풀기 위해 연대에 나선 사람 중에 누가 사랑을 실천하고 있는지, 누가 민주주의자인지 판단하는 일은 그리 어렵지 않습니다.

애덤 스미스가 임금 인상을 주장한 이유

유럽과 미국에서 노동인들은 투쟁을 통해 자신들의 권익을 높여 갔습니다. 특히 유럽의 노동인들은 19세기 말부터 사회주의 사상을 받아들이면서 정치 세력을 형성해 갔습니다.

상공인들이 주도한 자본주의 사회는 말 그대로 자본(capital)을 중심으로 굴러가는 사회입니다. 자본은 그냥 돈과는 다르지요. '자본'의 정의를 두고 관점의 차이에 따라 개념에 대한 설명이 달라질 수 있지만, 경제학적으로 정의하자면 "재화와 용역의 생산에 사용되는 자산"입니다. 간명하게 국어사전적 의미로 짚으면 "사업이나 장사의 기본이 되는 돈"입니다. 사전을 떠나 아주 쉽게 본질을 파악하면 자본은 '돈을 버는 돈'입니다.

자본으로 돈을 버는 사람들이 자본가이지만 한국 사회에선 그 말보다 전국경제인연합회처럼 '경제인'이나 '기업인'을 자임하든가 대한상공인회의소처럼 '상공인'을 즐겨 써왔습니다. 다 같은 대상을 두고 하는 말입니다.

18세기 유럽 사회의 상공인들은 토지와 농노에 기반을 신분제 사회에서 '시민 계급'을 형성했고, 시민 혁명으로 중세 사회와 다른 사회를 열었습니다. 그런데 거기서 더 나아가지는 않았지요.

왕정에 맞서 자유와 평등을 내걸고 시민 혁명을 이룰 때, 상공인들은 자신들이 고용하고 있던 노동인들을 혁명의 대열에 앞장세웠습니다. 하지만 시민 혁명에 성공한 뒤, 그들은 경제력과 정치권력을 지키기 위해 자신들이 고용하고 있던 노동인은 물론 농민이나 빈민의 정치 참여를 원천적으로 배제했지요. 투표권조차 주지 않았습니다. 왕정을 무너트리는 데 앞장선 민중이 사회의 절대다수였기에 그들에게 아무런 제약 없이 참정권을 준다면 권력을 빼앗길 수 있다는 '계산' 때문입니다.

역사적 전개 과정이 생생하게 입증해 주듯이 처음부터 상공인들은 올곧은 민주주의자가 아니었습니다. 왕족과 귀족이 누리던 정치적 특권을 빼앗을 생각은 아주 강렬했지만, 자신들이 누리고 있던 경제적 권력과 이를 기반으로 새롭게 손에 넣은 정치권력을 사회 구성원들과 나눌 의지는 아주 부족했지요. 그들은 왕으로부터 빼앗은 국가 주권을 자신들만의 특권으로 챙겼습니다. '민중 주권'이나 '주권 재민'이란 말은 민중을 시민 혁명의 전선으로 끌어내기 위한 '구호'에 지나지 않았지요. 노동인들은 다시 피를 흘리며 투쟁을 통해 투표권을 쟁취했습니다(투표권에 대한 더 자세한 논의는 『새내기 주권자를 위한 투표의 지혜』를 참고할 수 있습니다).

북아메리카로 건너간 유럽의 이주민들이 미국을 건국하고 성장하는 과정도 마찬가지입니다. 유럽 사회에서 상공인들이 노동인들을 배제했듯이, 미국 사회는 본디 아메리카에 살고 있던 선주민들의 대량 학살과 흑인에 대한 착취 위에 건설되어 한계가 또렷했습니다. 초대 대통령인 워싱턴 자신이 수백여 명의 흑인 노예를 거느리고 있었지요.

물론 신분제 사회에 종언을 고한 시민 혁명과 자본주의가 이룬 사회적 성과들은 정당하게 평가해야 옳습니다. 그와 동시에 신분제 사회를 벗어나는 혁명으로 태어난 근대 사회가 나라 안팎으로 심각한 결함을 지녔다는 사실 또한 직시할 필요가 있습니다.

국내적으로 상공인들이 고용한 노동인들은 장시간 노동과 불

노동의 권리

평등에 시달려야 했습니다. 이윤을 추구하는 상공인들의 논리가 국외로 나갈 때는 식민지를 착취하는 제국주의로 나타났지요. 우리가 19세기를 '제국주의 열강의 시대'로 규정하는 이유가 여기 있습니다.

상공인들이 주도한 시민 혁명의 한계가 나라 안팎에서 또렷해지자 그 틀을 넘어서 진정한 자유와 평등, 우애를 이루려는 갈망과 의지가 구체적으로 나타났습니다. 자본이 중심인 자본주의 사회를 인간화하고 민주화하려는 사람들의 열정은 여러 갈래로 표출되었습니다. 그 가운데 가장 강력한 흐름이 노동인들의 운동이었음을 부인하는 전문가는 없습니다. 엄연한 사실이기 때문이지요.

'자본주의 경제학의 아버지'로 불리는 애덤 스미스조차 사회구성원 "다수가 가난하고 비참한 사회는 번성할 수도 행복할 수도 없다"라며 경제 성장을 위해서라도 노동인의 임금 수준을 가능한 한 끌어올려야 한다고 주장했습니다. 국가가 가난한 사람의 교육 비용을 지불하고, 그들이 공공 토론에서 더욱 큰 목소리를 낼 수 있게 해줘야 옳다는 스미스의 제안을 오늘날의 자본주의자들은 얼마나 성찰하고 있을까요.

더구나 애덤 스미스는 자본주의 경제학의 상징처럼 전해오는 『국부론』에서 "한 사회의 구성원들이 소비하는 모든 필수적이고 편리한 생활 물자들을 조달해 주는 원천적인 기원은 그 사회 구성원들이 수행하는 노동에 있다"고 강조했습니다. 민주주의 정치 이론의 초석을 놓은 존 로크도 "자연은 그 자체로 아무런 가치를 갖지 못하지만 자연으로부터 생겨나는 유용한 산물들의 99%는 사람의 노동이 산출해 낸 것"이라고 주장했지요.

한국 사회에서 누군가 그런 말을 하면 당장 주변 사람들이 '불순한 눈총'들을 쏘겠지만, 다름 아닌 자본주의 경제학과 정치학의 주춧돌을 놓은 사람들이 보내는 '노동'에 대한 평가는 음미해 볼 만합니다. 자칫 망각하기 쉬운 역사적 사실이자 진실이니까요.

이미 짐작했겠지만, 상공인들은 스미스와 로크의 사상에서 자신들에게 유리한 대목만 부각했습니다. 노동인들의 노동과 정당한 요구를 살천스레 억압했지요. 시민 혁명을 이룰 때의 약속에 견주어 말한다면, 그것은 노동인 배제를 넘어 배신이 분명합니다.

시민 혁명 이후 200여 년의 역사를 톺아보면 자본주의 사회에서 민주주의를 일궈 내려는 사회 구성원들의 열정과 비판 정신이 쉼 없이 이어져 왔음을 확인할 수 있습니다.

세계 곳곳에서 노동 운동이 거세게 일어나고 20세기에 들어와 러시아에서 노동 운동에 근거해 혁명까지 일어나자 상공인들의 주도한 자본주의 체제는 새로운 국면을 맞았습니다.

노동인들에게 '채찍'을 휘두르던 관행에서 벗어나 '당근'을 더 많이 주는 정책으로 바뀌었습니다. 복지가 그것입니다. 만일 상공인들이 이끌어간 자본주의 사회에서 노동 운동이 활발하게 일어나지 않았다면, 복지 정책은 현실화하지 못했겠지요.

노동조합을 결성하며 노동 운동에 나선 사람들은 사회 전반을 민주화하고 복지를 확대하는 투쟁에 앞장섰습니다. 상공인들도 자칫 모든 것을 잃을 수 있다는 위기의식을 느끼고 노동인들에게 '양보'하며 지배 체제를 유지하는 길을 선택했습니다. 유럽에서 노동인들이 비교적 자기 정체성을 갖고 자신의 권리를 자유롭게 주장할 수 있게 된 배경입니다.

ㄴ

2

가시밭길
노동 운동

유럽의 상공인들은 더 많은 이윤을 얻으려고 아시아, 아프리카, 아메리카를 침략해 들어갔습니다. 상품 생산의 원료를 확보하고 상품 판매의 시장을 넓히기 위해 식민지를 정복해 갔지요. 바로 제국주의의 등장입니다. 그 흐름의 끝에 조선을 식민지로 만든 일본 제국주의가 있습니다. 일본은 재빠르게 자본주의를 받아들여 유럽의 제국주의 국가들을 모방했지요. 이웃 나라인 조선을 식민지로 만들어 수탈해 갔습니다.

3·1 혁명 그해의 노동 쟁의

조선 왕조 시대 후기에 광업에서 임금 노동이 이미 나타났다는 역사학계의 연구 성과도 있지만 본격적으로 노동인들이 나타나는 것은 1876년 개항 이후입니다. 항구를 중심으로 부두 노동인들이 등장했고 20세기 들어서서 일본 상공인들이 식민지 조선에 공장을 하나둘 세우면서 노동인들도 자기 권리에 눈뜨기 시작했지요.

제국주의 국가의 노동 운동과 식민지의 노동 운동은 차이가 클 수밖에 없습니다. 유럽 제국주의 국가들의 노동인들보다 더 험한 길을 걸을 수밖에 없었지요. 그럼에도 이 땅에서 선배 노동인들의 투쟁은 연면히 이어졌습니다. 그 가운데 우리 역사에 자리매김한 노동인들의 주요 싸움을 살펴보죠.

먼저 1919년 3월 1일 독립 만세 운동의 노동인들입니다. 독립 만세 운동은 거족적인 깨어남과 더불어 대한민국 임시 정부 수립이 상징하듯이 종래의 조선 왕조를 복구하겠다는 차원을 넘어서서 '민국'이라는 새로운 나라를 목표로 내걸었기에 역사학계에선 '혁명'이 정명이라고 평가합니다.

제국주의가 들어서면서 형성된 노동인들은 일제를 물리치고 새로운 나라를 이루자는 독립 만세 운동의 열망을 공유했습

ㄴ

니다. 독립 선언 소식을 들은 조선총독부의 용산인쇄소 노동인 200여 명은 결연히 야간작업을 멈추고 거리로 나와 만세를 불렀습니다.

용산인쇄소는 총독부가 직영하며 문서와 책자를 생산하고 있었습니다. 용산인쇄소 노동인들의 파업 시위는 일본 헌병대가 급히 현지에 출동해 주모자 19명을 검거하면서 일단락되었습니다.

하지만 같은 날 서울 종로의 동아연초 노동인들도 파업에 나섰습니다. 조선에서 담배 시장을 독점하려고 일제가 설립한 동아연초는 조선인 제조·판매업자들을 죄다 시장에서 쫓아내며 막대한 이익을 챙기고 있었지요.

동아연초 노동인 500여 명은 파업과 함께 만세를 불렀습니다. 전차 차장들 또한 파업에 들어가 다음날 아침 서울 시내 운행이 전면 중단되면서 독립 만세 시위는 점차 민중 운동의 성격을 띠기 시작했습니다.

일제 강점기에 조선 노동인들은 이중 굴레에 놓여 있었습니다. 민족 차별이 더해졌거든요. 식민지 민족의 구성원으로 억압받는 동시에 자본주의가 퍼져 가는 체제에서 착취 받았기에 노동인들은 민족 차별에 반대해 독립 혁명을 추구하면서 일제의 자본주의적 착취에 맞서 갔습니다.

노동의 권리

노동인들은 빠르게 늘어갔습니다. 조선 왕조가 망하고 8년 만에 네 배가 되었는데요. 1911년 1만 2000명이던 공장 노동인은 1919년 4만 2000명이 되었고 여기에 광산, 토목 건설, 운수 노동인들을 더하면 15만 명에 이르렀습니다.

노동인들의 투쟁도 늘었습니다. 1910년에서 17년까진 해마다 파업이 7~8건 일어났는데요. 1918년에 이미 50건으로 크게 늘고 4500명이 파업에 나섰으며 노동인들은 식민지 당국과 자본의 착취에 맞서 싸움에 들어갔습니다.

노동 운동은 3·1 혁명을 이어갈 강력한 힘이었습니다. 만세 시위로 노동인들이 깨어났기에 더 그랬지요. 독립 선언서와 만세 시위의 시작은 지식인들이 주도했지만, 폭발적 항쟁은 도시의 노동인들과 농촌의 농민들이 주도해 1919년 8월까지 정점에 달했습니다.

3·1 혁명 그해 노동 쟁의가 84건이었습니다, 8500명의 노동인이 파업하고 만세 시위에 나섰지요. 지식인들의 만세 시위는 휴교령과 투옥으로 시나브로 시들어갔지만 노동인들의 투쟁은 줄기차게 이어졌습니다. 서울에서만 8월 한 달 26건의 파업이 일어났으니까요.

경성전기 파업이 정점이었습니다. 경성전기 노동인들은 돌아다니던 전차를 멈추게 했을 뿐만 아니라 단숨에 서울을 캄캄한

암흑의 도시로 만들었습니다.

용산인쇄소 노동인들도 만세 외침에 그치지 않았습니다. 1919년 8월과 11월 두 차례 동맹 파업을 벌였습니다. 조선에서 처음으로 '8시간 노동제'를 내건 동아연초 노동인들은 17일에 걸친 파업 끝에 승리를 거뒀습니다.

물론 일제는 그냥 물러서지 않았습니다. 1921년 4월 '조선 연초 전매령'을 공포하고 7월부터 담배 전매를 실시했지요. 일본 기업 동아연초는 예정된 수순에 따라 조선에 있던 공장들을 총독부 전매국에 매각하고 손을 뗐습니다.

노동 운동은 당시 강력한 독립운동이었습니다. 민족 독립을 목표로 하는 민족 해방 운동의 하나였지요. 조선인이라는 이유로 임금 수준·노동 시간·작업 환경에서 일본인과 구분되는 민족적 차별을 받던 노동인들의 싸움은 궁극적으로 항일 운동과 이어질 수밖에 없었지요.

선배 노동인들은 3·1 혁명으로 각성한 민족의식과 사회의식을 노동 운동의 틀에 착실히 담아 갔습니다. 실제로 쟁의를 벌일 때마다 민족 차별 철폐를 내세웠습니다. 일본인 자본과 식민지 경찰에 맞서 갔지요. 노동이란 '인간의 지옥이며 소나 말이 하는 것'이라는 양반 계급의 뒤틀린 인식이 지배적이던 조선에서 노동의 가치를 중시하는 근대적 인식이 퍼져 갔습니다.

노동의 권리

조선 최초로 전국적 노동 단체가 1920년 출범했습니다. 3·1 혁명이 모태였던 거죠. 조선노동공제회는 노동의 신성함과 아울러 노동인의 존귀성을 강조하면서 자유와 평등, 노동인의 지식 계발을 내걸었습니다.

노동 운동은 늘 가시밭길이었습니다. 노동 운동 초기에 일본 제국주의자들은 치안 유지의 차원에서 노동 문제를 다루었으며 노동인들을 게으름·무능·무절제·무책임·부랑성·도벽 따위의 부정적 속성들로 정형화했습니다.

더구나 민족적 편견까지 들씌웠습니다. 조선 노동인은 수동적이고 복종적이라고 깔보았지요. 일제에게 조선 노동인은 명령대로 움직이는 기계의 일부 또는 소나 말에 지나지 않았기에 노동인들 스스로의 힘으로 자신들의 단체를 조직한다거나 파업과 조직적 행위를 할 수 없다고 보았습니다. 그래서 '사건'이 발생할 때마다 이른바 '불순분자'나 '외부 요소'에 신경을 곤두세웠습니다.

일제는 착각의 대가를 톡톡히 치렀습니다. 강점기 내내 노동 쟁의가 빈발했으니까요. 독립 만세 시위의 진원지였던 종로 인사동 일대의 제화공들은 1923년 1월 동맹 파업을 벌였으며 파업 이후 이들은 양화직공조합을 만들어 협동조합 방식의 구두 제작을 모색했습니다.

ㄴ

노동인들은 인격을 무시하는 일제에 줄기차게 맞섰습니다. 1923년 7월엔 여성 노동인들이 나섰습니다. 동대문 일대 네 개 고무 공장 여성 노동인 1200여 명이 임금 삭감에 맞서 공동 파업에 들어갔으며 파업 사흘째인 5일부터 160여 명이 광희문 밖 공장 앞에서 무기한 단식 농성에 돌입했지요.

여성 노동인들은 경성고무 여직공조합을 구성했습니다. 연대 투쟁을 벌였는데요. 동대문 바깥의 고무 공장들도 파업에 동참하자 파업 연대 기금이 멀리 마산과 일본 오사카에서도 날아왔습니다.

여성 노동인들은 파업 17일째에 승리했습니다. 내걸었던 요구를 모두 따냈지요. 1920년대 고무 공장 여성 노동인의 열악한 삶을 담아 낸 신문 기사는 왜 그들이 싸움에 나섰는지를 생생히 증언해줍니다.

직공들이 공장에서 점심을 먹던 중 여직공이 아이를 안고 물을 먹으러 가다가 아이의 손이 우연히 일본인 감독의 얼굴에 닿았다. 이 감독은 주먹으로 어린아이의 뺨을 때렸고 여직공이 이에 항의하자 감독은 여공을 발로 차고 때렸다. 다른 직공 4~5명이 감독에게 항의하자 **감독은 '조선 계집 다 죽여도 상관없다'고 소리를 지르며 폭력을 가해 다수의 여공이 부상을 당했다.**

물론 모든 조선인이 차별받진 않았습니다. 조선인들은 죄다 억압당했다고 생각한다면 역사에 대한 심각한 오해입니다. 조선의 노동인과 농민들이 거리에서 일제와 맞서 싸우던 1919년 8월 대한제국의 외무장관과 법무장관을 지낸 '을사오적' 이하영은 서울 용산에 주식회사 대륙고무를 세워 친일 관료에서 기업가로 화려하게 변신했습니다. 대륙고무는 조선 최초 고무 공장입니다. 검정 고무신을 생산했지요. 주주들의 면면도 화려해 박영효, 윤치호를 비롯해 개화파에서 변질한 친일 관료들이 대부분이었습니다.

1919년 10월 호남의 대지주 김성수도 나섰습니다. 영등포에 경성방직을 세웠지요. 서양의 상공인들은 적어도 신분제 질서에 맞서 혁명에 나선 역사적 경험을 지닌 반면에 조선의 상공인들은 제국주의 외세와 결탁하며 사업을 시작했습니다. 그것도 노동인들이 일제와 맞서 투쟁하던 바로 그 시기였습니다.

노동인들은 힘을 모아 갔습니다. 1924년 4월 전국의 노동인·농민 단체와 청년 조직 260개가 연대해서 회원 5만여 명으로 조선노농총동맹을 창립했지요. 노농(노동인과 농민)총동맹은 독립 아닌 자치를 주장한 김성수의 동아일보를 '민족 개량주의'로 비판하고 불매 운동을 벌이며, 동양척식회사의 일본인 이민을 반대하고 친일파 단체들의 박멸에 적극 나서겠다고 선언했습니다.

　투쟁에 나선 노동인들은 임금 삭감이나 부당 해고를 반대하고, 노동 조건의 개선과 임금 인상을 요구하면서 자본가에 맞섰습니다. 일본인 경영자의 민족 차별에 대한 투쟁도 활발했습니다. 노동인들은 작업장별로 파업을 벌이거나, 부산 부두 노동인 파업(1921)과 원산 총파업(1929)처럼 지역 노동인 전체가 함께 일어나 자본가에 맞섰습니다.

　일제 강점기 한국인 남성 노동인의 임금은 일본인의 약 50%, 한국인 여성 노동인은 한국인 남성 노동인의 약 50%였습니다. 대부분 하루 12시간 이상의 장시간 노동에 시달렸지요. 열악한 작업 환경과 민족 차별적 학대 행위까지 겹쳐 조선 노동인들의 처지는 매우 열악한 상황이었습니다.

　당시 러시아 혁명이 일어난 소련(소비에트사회주의공화국연방)만이 유일하게 조선 독립을 지지하고 지원했기에 많은 독립운동가들이 사회주의에 공감하거나 적어도 연대 의식을 가졌습니다. 사회주의 사상의 확산으로 노동인들의 계급의식과 민족의식이 크게 높아지면서 노동인의 단결과 권익 옹호를 위한 노동조합이 많이 만들어지고, 노동 쟁의도 증가하였지요.

"나를 영원히 잊지 말아 주게"-전태일의 유서

1945년 8월 15일 해방을 맞고 미군정이 들어온 뒤에도 노동
운동은 여전히 탄압받았습니다. 남과 북에 각각 분단국가가 세
워지고 전쟁이 일어나면서 반공주의가 기승을 부렸지요. 노동
운동에 나선 사람들은 소련과 연결된 공산주의자로 몰려 철저
히 억압당했습니다. 한국 영화에서 마치 '반일 협객'이라도 되는
듯 예찬해 온 깡패 김두한은 해방 공간에서 철도 노동인들의 파
업에 기관총을 갈겨 대고도 버젓이 활보한 테러·살인범입니다.

한국 전쟁을 거치며 노동 운동은 숨 쉴 공간조차 없었습니다.
대한노총이 있었지만 이승만 정부의 관변 단체에 지나지 않았
지요. 1960년 4월 혁명으로 열린 민주화 공간에서 노동인들은
비로소 노동조합다운 조합을 재건하기 시작했습니다. 하지만 1
년 뒤에 일어난 박정희의 군부 쿠데타로 노동 운동은 다시 대대
적 탄압을 받게 됩니다.

노동 운동이 얼어붙은 땅에 한 노동인의 불꽃이 타오릅니다.
1970년 11월 13일, 스물두 살 노동인 전태일이 서울 도심에서
자신의 몸을 활활 불살랐지요.

전태일은 1948년 대구에서 가난한 집안의 장남으로 태어났
습니다. 봉제 노동을 해온 아버지는 나이가 들면서 집에 재봉틀

두 대를 들여 놓고 삯일로 생계를 꾸려 갔지요. 태일의 아버지는 죽고 살기로 돈을 모아 부산에서 작은 양복점을 열었습니다. 하지만 염색 공장에 맡긴 원단이 장마로 모두 상해 파산했지요.

부모를 따라 전태일이 이사 온 서울은 전쟁이 남긴 폐허에서 저마다 먹고살 걱정에 잠겨 있었습니다. 태일의 아버지는 평화시장과 중부시장에서 그때그때 재봉 일을 거들었는데요. 가족들은 서울역 앞 염천교 다리 밑에서 잠잤습니다. 소년 태일은 건너편 만리동을 돌아다니며 동냥으로 연명해 사실상 거지로 어린 시절을 보냈습니다. 몇 년 고생 끝에 아버지 전상수는 가까스로 천막집 한 채와 재봉틀 한 대를 사들여 사업을 시작했지만 곧 사기를 당했습니다. 전상수는 술 취하는 날이 많아졌고 그때마다 아내와 어린 자식들에게 난폭해져 그나마 평온했던 가정은 풍비박산 났습니다.

당장 생계가 막막해 초등학교 4학년 초에 중퇴한 전태일은 두 살 아래 동생을 데리고 동대문시장으로 갔습니다. 삼발이를 비롯해 솔, 조리, 빗자루를 받아다 물건을 팔고 원금만 돌려주는 방식으로 밑천 없이 장사를 시작했지요. 어린 형제는 발이 부르트고 목이 쉬도록 시장과 골목을 돌아다녔지만 생활은 조금도 나아지지 못했습니다.

태일은 소년기를 벗어나면서 드디어 '안정된 일터'를 잡았는데요. 아버지로부터 배운 재봉틀 초보 기술 덕분이었습니다. 하루 14시간 쉼 없이 노동한 대가가 다방에서 커피 한 잔 마시는 값과 같았음에도 형편없는 일당을 감수하며 '시다'로 불리는 조수로 취직한 것은 어서 기술을 배워 가족의 생계를 책임지려는 생각이 앞섰기 때문입니다.

평화시장의 학생복 맞춤집 삼일사가 태일의 일터였습니다. 애오라지 기술을 더 익히고 돈을 더 벌어야 한다는 깜냥으로 주위를 둘러볼 여유도 없이 앞만 보고 달려 조수에서 '재봉틀 보조'로 직급이 높아 가고 월급도 큰 폭으로 올랐습니다. 드디어 1966년 가을에 일터를 옮겨 재봉사가 되었지요.

전태일은 재봉사가 되어서야 비로소 주위를 둘러볼 수 있었습니다. 평화시장에서 일하는 노동인들은 당시 조수(시다)로 불린 새내기 노동인이 4000여 명, 재봉사(미싱사)가 4000여 명, 재단 보조가 400여 명, 재단사가 300여 명으로 대다수가 10대 여성들이었습니다.

아침 8시에 출근해서 밤 11시까지 햇빛도 들지 않는 좁은 공간에 틀어박혀 거의 점심을 굶으며 일했습니다. 사장들은 좁은 공간을 더 쪼개어 중간에 수평으로 다락방을 만들었는데 높이 1.5미터로 온전히 허리 펴고 다닐 수도 없는 '인간 닭장'에는 환풍기도 없었습니다.

ㄴ

일하다가 화장실 갈 때도 따가운 눈총을 받아야 했지요. 사장은 '오줌보' 운운하며 '이년 저년' 욕설을 퍼붓기 일쑤였습니다. 하루 14시간 노동과 저임금, 하루 종일 재봉틀 먼지가 풀풀 날려 건강을 해치는 열악한 환경, 최소한의 보호 장치도 없는 인권 사각 지대에 놓인 10대 여성 노동인들은 태일이 걸어온 고통의 시간들을 고스란히 재현하고 있었습니다.

전태일은 어린 노동인들을 돕기 위해 일터에서 힘이 있는 재단사가 되기로 결심합니다. 이후 일터를 옮긴 후 재단사 보조로 일하다 재단사가 됩니다.

전태일은 돈이 없어 점심을 굶는 조수들에게 버스비까지 탈탈 털어 풀빵을 사주었습니다. 그럴 때면 청계천에서 집이 있는 도봉산까지 그 먼 길을 걸어가야 했습니다.

그러던 어느 날 함께 부지런이로 일하던 재봉사가 심하게 기침을 했습니다. 전태일이 걱정스레 바라볼 때 재봉사의 입에서 새빨간 핏덩이가 재봉틀에 쏟아지며 얼굴이 금세 새하얗게 질렸습니다. 본인은 물론, 일하던 모든 사람이 놀라 부랴부랴 병원으로 옮겼는데요. 폐병 3기로 각혈이었고 가혹한 노동 환경으로 인한 직업병이 분명했습니다. 치료비를 도우러 모두 돈을 걷었는데요. 오직 한 사람, 사장은 바냐위고 잔인했습니다. 돈을 보태기는커녕 폐병을 이유로 전격 해고하는 순간, 전태일은 노동인들의 꼭뒤를 눌러 온 사회의 모순과 부조리에 번쩍 눈을 떴습니다.

명백한 노동 착취였습니다. 하루 14시간 일한 임금이 사장의 차 한 잔 값인 것은 결코 필연이 아니었습니다. 태일이 동료들과 냉혹한 현실에 맞설 대책을 논의해 가자 강밭은 사장은 전태일까지 매정하게 해고했습니다.

다행히 재단사 수요가 많아 태일은 다른 곳에 취업할 수 있었습니다. 하지만 날카로이 파고든 현실 인식은 시간이 갈수록 또렷해졌고 어렴풋이나마 재봉틀 따위의 생산 수단을 소유한 사람들과 그렇지 못한 사람들 사이에서 노동과 자본의 계급적 갈등을 깨우쳐 갔습니다.

가슴에 뜨거운 돌물이 고이기 시작했지요. 청년 재단사 태일은 가장 청순하고 때 묻지 않은 어린 소녀들이 왜 가장 때 묻고 기름진 자의 거름이 되어야 하는지 묻고 또 물었습니다.

전태일은 친구들과 '바보회'를 만들었습니다. 평화시장 최초의 노동 운동 조직이었지요. 전태일이 고심 끝에 지은 이름인데요. 대한민국에는 노동인들을 위한 근로기준법이 존재하고 노동인도 엄연한 인간으로 대우받을 권리가 있는데도 여태 그걸 모르고 사장들로부터 개돼지 취급을 받는 것을 당연히 여겨온 자신들은 바보라는 성찰을 담았습니다. 조롱을 받으며 전태일이 조직한 '바보회'는 활동 지침을 정했습니다.

첫째, 평화시장 노동자들이 근로기준법에 따른 근무 환경에서 일할 수 있도록 하는 것, 특히 하루 8시간 근무와 주 1회 휴무가 가장 중요한 목표다.

둘째, 목표 달성을 위해 회원들 스스로 근로기준법을 공부하고 조직을 확장해야 한다.

셋째, 현재 노동자들의 근무 환경을 정확히 조사한다.

넷째, 독지가(자선 사업이나 사회 사업을 지원하는 사람)를 찾아내어 5000만 원가량을 투자받아 근로기준법을 준수하는 모범 업체를 만든다.

바보회는 노동법 학습과 회원 확대에 중심을 두었습니다. 활동 지침에서 눈길을 끄는 대목은 네 번째 '근로기준법 준수 업체'입니다. 전태일과 바보회가 모범 업체를 세우려 한 까닭은 세금을 정당하게 내고 근로기준법을 지키고도 얼마든지 기업으로서 성공할 수 있다는 것을 자본가들에게 입증하고 싶어서였습니다. 근로기준법을 준수하는 모범 업체, 그건 우리가 살펴본 21세기 기업의 국제 표준, 글로벌 스탠더드(ISO26000)와 다를 바 없습니다.

사장들은 경찰에게 수시로 돈을 찔러주며 근로기준법을 거론하는 노동인들을 '빨갱이'로 몰아갔습니다. 노동인들이 모임을 가질라치면 어느새 경찰이 나타나 '협박 반 회유 반'으로 가로막았습니다. 전태일은 동료들에게 '근로기준법 화형식'을 거행하자는 안건을 내놓았고 "지켜지지도 않는 이따위 허울 좋은 법은 화형에 처해 버리자"는 뜻에 모두 공감했습니다.

1970년 11월 13일이 밝았습니다. 사장들은 시장 경비대를 늘리고 경찰까지 불렀습니다. 강다짐을 놓고 감시망을 촘촘하게 짜놓았음에도 점심 무렵에 500여 명이 모였습니다.

오후 1시 30분 노동인들은 준비한 현수막을 펴 들고 시위에 나섰습니다. 동시에 형사들이 달려들어 구타하며 현수막을 찢었습니다. 형사들은 현수막 든 노동인들을 질질 끌고 갔습니다. 잠시 후 가슴에 근로기준법 책을 품은 전태일의 몸에서 불길이 치솟아 올랐습니다.

활활 타오르는 '불 몸'이었습니다. 전태일은 뛰었습니다. 온몸에서 살갗을 한꺼번에 발라 내는 고통이 밀려왔지만 힘껏 외쳤지요.

"근로기준법을 준수하라!"

"우리는 기계가 아니다! 일요일은 쉬게 하라!"

"노동자들을 혹사하지 말라!"

ㄴ

전태일의 몸은 이미 불꽃이었습니다. 전태일은 쓰러져 땅에서 타오르며 마지막으로 울부짖었습니다.

"내 죽음을 헛되이 말라!"

급박히 병원으로 옮겼는데요. 늦은 저녁에 전태일의 심장은 멎었습니다. 가슴에 가득 차오른 돌물을 내뿜으며 폭발하는 화산처럼 장렬한 최후를 맞았습니다.

전태일의 삶은 그대로 문학이었습니다. 스스로 소설 세 편의 초안을 남겼습니다. 모두 구상 단계에 머물러 안타깝지만 1970년 4월에 적어 놓은 '현실에 반항하는 청년의 몸부림'이라는 제목의 소설 초안에는 주인공 청년이 대구에 있는 친구들에게 띄운 유서가 있습니다.

소설의 유서는 실제 유서가 되었습니다. 그해 가을에 몸을 불사른 전태일이 삼동회 벗들에게 남긴 당부이기도 했습니다. 아니, 평화시장의 모든 노동인, 더 나아가 이 땅의 모든 노동인, 모든 젊은이에게 '친우'로서 남긴 글입니다.

사랑하는 친우(親友)여, 받아 읽어 주게. 친우여, 나를 아는 모든 나여. 나를 모르는 모든 나여. 부탁이 있네. **나를, 지금 이 순간의 나를 영원히 잊지 말아 주게.** 그리고 바라네. 그대들 소중한 추억의 서재에 간직하여주게. 뇌성 번개가 이 작은 육신을 태우고 꺾어 버린다

노동의 권리

고 해도, 하늘이 나에게만 꺼져 내려온다 해도, 그대 소중한 추억에 간직된 나는 조금도 두렵지 않을 걸세. (…) 내 말을 들어주게. 그대들이 아는, 그대들의 전체의 일부인 나. 힘에 겨워 힘에 겨워 굴리다 다 못 굴린, 그리고 또 굴려야 할 덩이를 나의 나인 그대들에게 맡긴 채. 잠시 다니러 간다네. 잠시 쉬러 간다네. 어쩌면 반지(指環, 金力을 뜻함)의 무게와 총칼의 질타에 구애되지 않을지도 모르는, 않기를 바라는 이 순간 이후의 세계에서, 내 생애 다 못 굴린 덩이를, 덩이를, 목적지까지 굴리려 하네. 이 순간 이후의 세계에서 또다시 추방당한다 하더라도 굴리는 데, 굴리는 데, 도울 수만 있다면, 이룰 수만 있다면…….

-『전태일평전』(글 조영래, 아름다운전태일 펴냄) 중에서

전태일의 분신이 있었음에도 노동 탄압은 수그러들지 않았습니다. 대표적 사건이 동일방직 똥물 투척 사건입니다.

"똥을 먹고 살 수는 없습니다"-동일방직 노동인들의 외침

1978년 2월에 동일방직에서 20대 안팎 청순한 여성 노동인들의 얼굴에 감히 똥을 뿌린 야만이 벌어졌습니다. 똥오줌이 든 깡

통을 들고 나타난 사내들은 겉보기에 멀쩡하고 건장했습니다. 명색이 노동조합 상급 단체—민주노총이 등장하기 이전의 전국 조직인 한국노총의 섬유연맹—간부들까지 그 만행에 가세했습니다.

동일방직은 1971년 수출 500백만 달러를 달성한 이래 국내 최대 수준의 순익을 기록하고 있었는데요. 그럼에도 1300여 노동인 가운데 1000명이 넘는 여성 노동인들의 노동 조건은 말 그대로 '노예'와 다름없었습니다. 노동 현장은 섭씨 40도를 오르내렸지요. 한증막처럼 열기와 습기가 높았습니다. 더구나 솜먼지 날리는 대형 방적기들 앞에서 하루 열다섯 시간씩 땀에 젖어 일했습니다.

반드시 신발을 신어야 했습니다. 대부분 무좀에 걸렸지요. 가려움을 참을 수 없어 운동화를 벗고 맨발을 문질러 대 시멘트 바닥은 여성 노동인들의 피로 물들어 불그스름했습니다.

탈수증으로 쓰러지기 일쑤였습니다. 그래서 공장에 소금을 비치해 두었습니다. 솜먼지가 폐로 들어가 병원을 드나들게 되면 아무런 보상도 받지 못하고 그만둬야 했으며 낙향하거나 때로는 절망 속에 유흥가로 들어갔습니다.

바로 그렇기에 동일방직 노동인들은 뭉쳤습니다. 1972년 5월에 어용 노조 집행부를 물리쳤지요. 노동조합 새 집행부가 식사 시간 확보, 남녀 임금 차별 철폐, 환풍기 설치, 생리 휴가를 싸워 얻어내자 선구적 투쟁의 효과가 원풍모방, 반도상사, 콘트롤데이타, YH무역으로 퍼져 가며 '민주 노조'가 잇달아 등장했습니다.

박정희 정부는 민주 노조를 눈엣가시로 여겼습니다. 중앙정보부가 직접 노조 파괴에 나섰습니다. 그 추악한 공작에 앞장선 사람이 섬유노조 위원장 김영태로 동일방직의 민주 노조를 엎으려고 중앙정보부, 동일방직 경영진과 으밀아밀 모의했습니다.

1978년 2월 21일 새벽 6시였습니다. 동일방직 노조 사무실에는 대다수 집행부와 대의원들이 모여 있었습니다. 노동조합 대의원 선거를 치르기 위해 밤을 새워 투표함과 용지를 준비하고 곧 퇴근할 야간조를 기다리고 있을 때였습니다.

갑자기 "이 빨갱이 년들아!" 고함을 지르며 사내들이 사무실 문을 차고 들어왔지요. 차가운 겨울바람과 함께 지독한 똥 냄새가 진동했습니다. 사내들이 저마다 들고 온 방화수 통에는 방금 화장실에서 퍼온 똥이 가득 담겨 있었습니다.

여성 노동인들의 몸은 물론, 노조 사무실이 온통 똥으로 범벅이 되었습니다. 광분한 사내들은 사무실 밖으로 달아나는 여성을 탈의실과 기숙사까지 쫓아가며 똥을 뿌려 댔습니다. 광란의 현장에는 정·사복 경찰이 여러 명 나와 있었지만 재미있다는 듯 구경만 했고 다급한 여성들이 달려가 구해 달라고 호소했습니다.

"아무리 우리가 배우지 못하고 아는 건 없어도 이건 아닙니다."

"가난하게 살아왔어도 똥을 먹고 살 수는 없습니다."

처절한 외침이었습니다.

조합원들은 회사 정문 앞에 있는 사진관으로 달려갔습니다. 조합원들이 추억과 우정을 간직하려고 즐겨 사진 찍던 곳입니다. 사진관 주인 이기복이 사진기를 들고 달려와 탄압 현장을 찍었을 때 그 와중에도 한 조합원이 돈을 넣은 봉투를 내밀었습니다.

하얀 봉투에 똥이 묻어 있었습니다. 이기복은 울컥했습니다. 손사래 치며 돈을 받지 않고 사진관으로 돌아갔는데 그가 사진을 찍고 간 사실을 보고받은 회사의 요청으로 경찰이 찾아왔습니다.

경찰은 필름을 내놓으라고 협박했습니다. 사진이 나오면 국제적인 문제가 될뿐더러 안보에도 이상이 생긴다고 협박했습니다. 이기복은 벌써 노동조합에서 가져갔다고 잡아뗐었지요. 그의 기지로 유신 정권과 자본, 어용 노조가 어떻게 1970년대 민주 노조 운동을 탄압했는지를 생생히 증언하는 사진이 역사의 한 순간으로 살아남았습니다.

보름이 지나 3월 10일 '근로자의 날'이 밝았습니다. 서울 장충 체육관에서 기념식이 열렸지요. 최규하 국무총리가 참석하고

TV로 생중계한 행사장에서 여성 노동인 80여 명이 온 힘을 다해 외쳤어요.

"똥을 먹고 살 수 없다!"

"동일방직 사건 해결하라!"

여성 노동인들의 절규가 2분 가까이 전국에 생중계됐습니다. 투쟁은 거기서 멈추지 않았습니다. 동일방직, 삼원섬유, 원풍모방, 방림방적 여성 노동인 여섯 명은 40만 명이 모인 서울 여의도 광장 부활절 연합 예배 단상에도 올라가 외쳤지요.

"노동삼권 보장하라!",

"동일방직 사건 해결하라!"

"가톨릭노동청년회와 도시산업선교회는 빨갱이가 아니다!"

동일방직은 1978년 4월 1일 124명을 해고했습니다. 더구나 해고자 명단을 전국의 사업장으로 발송해 해고 노동인들의 재취업마저 봉쇄했습니다. 해고자들은 기나긴 복직 투쟁에 나섰습니다. 끔찍한 가난과 냉대에 맞선 사실상의 생존 투쟁이었지요.

그럼에도 젊은 여성 노동인들의 외로운 투쟁을 어떤 신문도 방송도 보도하지 않았습니다. 한 맺힌 해고자들이 한 방송사를 찾아가 국장 면담을 요구하자 기자들이 나타나 "배우지 못한 것들이 여기가 어디라고." 하며 내쫓았습니다. 세상은 여성 노동인들을 '공순이'로 조롱했습니다.

ㄴ

동일방직에 이어 YH무역의 여성 노동인들이 싸움에 나섰습니다. 1979년 8월 10일 YH무역의 여성 노동인들은 억울함을 호소하러 야당인 신민당 당사로 들어갔습니다.

180여 명의 여성 노동인들은 당사 4층 강당에서 농성에 들어갔습니다. '배고파 못 살겠다'라고 적은 머리띠를 동여맸습니다. 총재 김영삼이 농성장에 나타나 "여러분들이야말로 산업 발전의 역군이며 애국자인데 이렇게 푸대접을 받아서야 되겠습니까. 여러분들의 피와 땀과 눈물이 없었다면 오늘의 한국 경제가 없었을 것"이라며 신민당사를 찾아 준 것을 눈물겹게 생각한다고 격려했습니다.

여성 노동인들이 농성에 들어간 다음 날, 박정희 정부는 강제 해산 방침을 굳혔습니다. 자정을 넘어 정·사복 경찰 1000여 명이 모여들더니 새벽 2시에 당사 담을 넘어 한꺼번에 침입했습니다.

당사를 지키던 당원들은 황급히 현관문을 닫았지만 경찰 1000여 명을 막기란 불가능했습니다. 청년 당원들은 경찰이 휘두른 곤봉에 쓰러졌고 '닭장차'에 던져졌습니다. 농성장이던 4층 강당은 생지옥이었습니다. 젊은 여성들의 비명소리와 연막가스탄으로 뒤덮였습니다. 곤히 잠들었다가 놀라 깨어 일어난 여성 노동인들은 공포에 질려 사이다 병을 깨어 들고 울부짖었습니다.

180여 농성자들 모두 10여 분 만에 끌려 나왔지요. 경찰과 맞서던 김경숙은 떠밀려 추락했습니다. 가증스럽게도 경찰은 진압하기 직전에 김경숙이 투신자살했다고 조작해 발표했습니다.

가난한 농부의 딸로 태어난 김경숙은 열다섯 살에 서울로 왔지요. 일기에 토로했습니다. "내가 배우지 못한 공부를 가르쳐서 동생만은 성공할 수 있도록 하고 싶다. 간절한 소원"이라며 공장 노동을 했고 야학에서 공부도 했습니다.

야학을 통해 김경숙은 세상에 눈떴습니다. 노동조합이 왜 필요한지 절실히 깨달았습니다. 노동조합 조직부 차장을 맡았을 때 일기장에 심경을 적어 갔습니다.

"저들 거만하게 자랑하는 많은 재산들 우리 손과 머리 못 빌리면 어림도 없다. (…) 새 세계를 건설하도록 큰 힘 주는 조합, 단결하라. 언제든지."

YH무역 여성 노동인들의 절규와 김경숙의 절명은 박정희 정부의 폭력성을 나라 안팎에 폭로했습니다. 그럼에도 공화당과 유정회 소속 의원들은 오히려 신민당 총재 김영삼을 국회에서 제명하는 만용을 저질렀습니다. 그 결과로 부산과 마산에서 민중 항쟁이 일어났고 시국 대처방법을 두고 대통령과 갈등을 빚던 중앙정보부장 김재규는 박정희가 즐기던 은밀한 술자리에서 권총을 뽑았습니다.

ㄴ

6월 항쟁 이후의 민주 노조 운동

10·26 정변으로 박정희는 죽었지만 민주주의는 피어나지 못했습니다. 전두환이 등장했지요. 1980년 5월의 광주를 피로 물들이고 집권한 전두환은 집권 내내 노동인들을 억압했습니다.

1987년 6월 대항쟁이 일어나 마침내 대통령 직선제를 얻어냈습니다. 그해 1월 대학생 박종철이 고문으로 죽은 데 이어 6월에 이한열이 최루탄에 맞아 숨진 사건이 불을 붙였습니다.

그런데 그해 최루탄이 몸에 박혀 숨진 청년은 대학생 이한열만이 아니었습니다. 최루탄은 또 다른 청년 이석규의 가슴도 뚫고 들어갔습니다. 공교롭게 두 사람 모두 스물한 살이었지만 전자는 대학생, 후자는 노동인이었지요. 이한열의 죽음과 달리 이석규의 이름은 시나브로 잊혔습니다.

6월 항쟁의 열기도 빠르게 가라앉았습니다. 노태우가 전두환과 상의도 없이 직선제를 수용한 듯 기만했지요. 언론은 이를 '6·29 선언'으로 대서특필했지만 실은 전두환과 노태우가 머리를 맞대고 치밀하게 준비한 군부 재집권 전략의 전술적 후퇴였습니다.

6월 대항쟁이 직선제 수용으로 수그러들던 바로 그 순간입니다. 민주주의를 한 단계 더 높이려는 움직임이 노동인들 사이에서 일어났습니다.

응그리고 있던 노동인들은 7월에 들어서면서 민주 노조 건설, 임금 인상, 노동 조건 개선을 요구하며 일떠서서 민주화 운동을 이어 갔습니다.

노동인들은 6·29 선언의 기만에 만족할 수 없었습니다. 7월 5일 현대엔진 노동인들이 노동조합을 결성하며 대투쟁의 막이 올랐는데요. 노동조합 설립 열풍은 7월 15일 현대미포조선, 21일 현대중공업, 24일 현대자동차로 퍼져 갔고 울산을 넘어 마산·창원으로 번졌습니다.

6월 대항쟁에 이어 7·8·9월 노동인 대투쟁이 일어나 석 달 동안 노동 쟁의는 3341건에 이르렀습니다. 울산은 현대그룹 노조 연합을 결성했습니다. 8월 17일과 18일에는 3만여 명의 노동인들이 가두시위에 나섰습니다. 도시 전체가 마치 해방구를 연상케 했으며 마산·창원에서도 전체 노동인 15만여 명 가운데 8만여 명이 투쟁에 참가했습니다.

부산과 거제에서도 대투쟁이 일어났지요. 1987년 8월 22일 옥포 대우조선 노동인들이 나섰습니다. 노동인 600~700여 명이 회사와의 면담을 요구하는 가두 행진을 벌이며 옥포 관광호텔로 들어서는 네거리에 도착했습니다.

경찰은 그곳에서 진압 작전을 세워 놓고 노동인들을 기다리

ㄴ

고 있었지요. 노동인들이 행진해 온 도로를 제외한 세 방향의 도로를 모두 차단했습니다. 네거리까지 온 노동인들이 평화적 행진을 할 테니 길을 열어 달라고 요구하자 경찰은 길에 있는 돌멩이들을 모두 청소하고 오리걸음으로 걸어가면 길을 열어 주겠다고 약속했습니다.

노동인들은 망설였습니다. 모욕이지만 대화를 위해 참기로 했습니다. 경찰의 약속을 믿고 길을 깨끗이 청소한 뒤 어깨동무를 하고 열을 지어 오리걸음으로 나아갔습니다.

경찰은 약속대로 길을 열어 주었습니다. 진입로를 열면서 길 양쪽 끝에 늘어섰지요. 순진한 노동인들이 전진하여 맨 뒷 열까지 네거리를 지나 호텔 쪽 진입로에 완전히 들어섰을 때는 경찰이 앞쪽과 길 양쪽으로 포위한 꼴이 되었습니다.

더욱이 진입로 양쪽은 높이 5미터 정도의 언덕이었습니다. 그 위에는 높이 2미터 정도의 철망 울타리까지 처져 있었습니다. 노동조합 집행부가 불길한 예감이 든 순간에 앞을 지키고 있던 경찰이 최루탄을 갑자기 쏘아 댔고 네거리 쪽을 차단한 경찰도 최루탄을 발사했습니다.

경찰은 의기양양했습니다. 노동인들은 '독안의 쥐'였습니다. 생지옥에 떨어진 노동인들은 극히 일부가 언덕을 기어올라 철망을 뛰어넘어 도망가기도 했으나 대부분은 네거리 뒤로 후퇴하면서 기다리고 있던 경찰에게 붙들려 무수히 구타당했습니다.

이석규는 앞에서 세 번째 대열에 있었습니다. 경찰에게 맞고 도피하다가 최루탄을 맞았습니다. 최루탄 피격으로 노동인 대투쟁의 불길에 기름을 부을까 우려한 전두환 정부는 8월 28일 이석규의 장례식을 기점으로 이른바 '좌경 용공 세력 척결을 위한 담화문'을 발표하고 대대적 탄압에 나섰습니다.

위기를 오히려 기회로 삼은 셈입니다. 언론이 맞장구치지 않았으면 불가능했습니다. 9월 4일 대우자동차와 현대중공업 파업 농성장에 공권력이 들어가 농성과 시위를 벌이는 노동인들을 강제 해산하며 대규모 구속 사태가 벌어졌습니다.

언론은 노동 운동은 물론 노동인들에 적대적이었습니다. 대대적 탄압으로 노동 운동은 잦아들기 시작했습니다. 하지만 노동인 대투쟁 이후 1987년 연말까지 1361개의 노동조합이 새로 만들어져 민주 노조 운동이라는 노동 운동의 새로운 흐름을 형성했습니다.

언론은 좌경으로 몰아쳤지만, 1987년 7·8·9월 노동인 대투쟁에서 노동인들의 요구는 참 소박했습니다. 과격한 정치적 주장이라곤 없었습니다. 8시간 노동, 노동 악법 개정, 노동삼권 보장, 자유로운 노조 결성 보장, 블랙리스트 철폐, 생존권 보장, 작업 조건 개선, 저임금 개선으로 기본적이고 보편적인 권리 요구

ㄴ

였습니다.

전두환은 임기 끝까지 노동인들에게 몽니를 부렸습니다. 제
삼자 개입, 위장 취업, 좌경 용공 따위의 여론 공세를 폈습니다.
권력과 그에 용춤 춘 언론은 노동인들의 실질적 민주화 운동을
고립시켰지요. 자본은 휴·폐업 조치로 강경 대응했습니다. 그럼
에도 노동인들의 민주화 운동은 수도권의 중소기업과 비제조업
으로 퍼져 가며 운수, 광산, 사무, 판매, 서비스 직종에서 파업 투
쟁이 이어졌습니다.

1987년 노동인 대투쟁으로 비로소 한국에서도 노동인들이 노
동조합을 자유롭게 결성할 수 있게 되었습니다. 물론 그 자유는
유보적이었지요. 삼성은 그 뒤에도 30년이 훌쩍 넘도록 '무노조
경영'을 이어 갔으니까요. 노동인들의 임금이 오르면서 상공인
들은 기술 개발에 더 투자했고 그 결과 한국 경제는 한 단계 높
은 비약을 하는 '경제적 효과'도 거뒀습니다.

1987년 7·8·9월 노동인 대투쟁과 그 뒤 애면글면 이어진 노동
조합 건설 운동은 전태일 분신 25돌을 앞둔 1995년 11월 11일에
전국민주노동조합총연맹(민주노총)이 출범하는 튼튼한 기반이
되었습니다.

노동의 권리

3

사람답게
살 권리

"근로자는 사실상 노예나 다름없다."

누구의 말일까요. 몇 달째 받지 못한 임금을 받게 해달라며 진정을 제출한 노동인들에게 '근로 감독관'이 무람없이 던진 말입니다. 박근혜 정부에서 일어난 일입니다, 새내기 노동인들은 근로 감독관이 무엇인지부터 정확히 알아둘 필요가 있습니다.

ㄴ

'노동' 바로 알기

근로 감독관(labor inspector)은 근로기준법에 규정된 노동 조건을 지키는지 여부에 대해 감독 업무를 담당하는 노동부 소속의 공무원입니다. 그러니까 일터의 노동인들을 보호하라고 세금—노동인들도 직간접으로 낸 돈—에서 월급을 주는 사람인 거죠.

노동법은 근로 감독관에게 법적 권한을 주었습니다. 근로기준법과 노동관계 법령을 위반할 때 형사 소송법에 규정된 사법 경찰관의 직무를 수행합니다. 일터에 가서 사업장은 물론 기숙사를 비롯한 딸린 건물들을 검사하고 장부와 서류의 제출을 요구할 수 있습니다. 사용자와 노동인을 신문할 수도 있습니다.

러시아에 사회주의 혁명 정부가 수립된 직후인 1923년에 국제노동기구(ILO) 총회가 '노동인들의 기본 생활 보호'를 목적으로 감독 기관을 조직하라고 권고하면서 시작됐는데요. 대한민국은 1953년에 근로기준법을 제정하면서부터 근로 감독관 제도를 시행하고 있습니다.

따라서 LG유플러스 협력 업체의 인터넷 설치·수리 기사들이 밀린 임금을 받지 못하자 근로 감독관에게 진정한 것은 당연한 수순입니다. 그런데 반년 넘도록 처리되지 않아 2015년 4월에 근로 감독관을 다시 찾아갔는데요. 근로 감독관은 언죽번죽 말했습니다.

"여러분들이 사실은 요새 노예란 말이 없어 그렇지, 노예적 성질이 근로자성에 다분히 있어요."

돈을 받고 일하는 동안 "근로자는 노예나 다름없다"는 모욕적인 발언을 서슴지 않은 근로 감독관은 심지어 자신의 말이 노동법에 근거하고 있다고 주장했습니다.

"근로자도 보면 돈 주는 만큼은 너는 내 마음대로 해야 한다. 이렇게 돼 있다고, 보면은 노동법이. 현재의 노동법도 옛날 노예의 어떤 부분을 개선했을 뿐이지 사실 이게 돈 주고 사는 거야, 이게."

인터넷 설치와 수리를 맡은 노동인들은 기가 막혔습니다. 언론에 알렸지만 보도한 언론사는 극히 드물었지요. '근로자는 노예와 다름없다'는 기사를 본 네티즌들이 단 댓글들도 읽어 볼 만합니다.

"일반 근로자들이 니들 말대로 노예지만 인간답게 살려고 애쓰며 발악하는 노예다. 니들이 그걸 막아서면 안 되제."

"현대판 돈 받는 노예 맞는 말이지…. 문제가 되는 건 일을 했는데 돈을 못 받았다는 거 아닌가?"

ㄴ

"열 받지만 솔직히 맞는 말이잖아! 기업주들도 노예로 보고 있는 건 사실! 자기 식구라기보다 돈 주고 쓰는 용병이라고 할까? 언제든지 모가지 칠 수 있는 사람들!"

"이게 저들의 기본 생각임. 본질이 저러한데 서민들 속이고 있는 것임을 좀 알자."

"땅콩항공 보면 맞어."

"그래서 그거 막으라고 네놈한테 국민 세금으로 월급 주고 있는 거다. 이 쓰레기야."

어떤가요? 촌철살인이죠. 다만 일터의 적잖은 노동인들이 '임금 노예'라는 말에 자조적으로 동의한다는 사실을 엿볼 수 있습니다.

근로 감독관의 망발은 21세기 대한민국에서 노동인들의 위상이 얼마나 열악한가를 상징적으로 보여 준 사건입니다. 반면에 자본의 힘은 갈수록 커지고 있습니다. 군사 독재의 서슬 아래 눈치를 살피던 자본은 민중의 힘으로 군부가 물러나면서 빠르게 자신의 사회적 권력을 강화해 나갔습니다. 자본을 통제했던 군부가 제자리로 돌아간 뒤 가장 큰 수혜자가 상공인들이라는 분석도 가능합니다. 대한항공의 '땅콩 회항'으로 상징되는 갑질 사례는 그 단면이지요.

노동의 권리

그렇다면 자본주의 사회에서 노동인은 '노예'라는 근로 감독관의 '훈계'에 씁쓸히 고개를 끄덕여야 하는 걸까요? 새내기 노동인들 또한 자본가들에게 고용되었기 때문에 그들에게 머리 숙이며 살 수밖에 없는 걸까요?

천만의 말씀입니다. 자본의 이윤 추구와 그것을 정당화하는 경제 논리나 현실적 힘에 맞서 우리보다 앞서 살았던 선인들은 노동인과 노동이 얼마나 중요한가를 치열하게 탐색하고 당당히 권리를 주장해 왔습니다. 억압과 탄압 아래서 애면글면 개척해 온 지적 성과를 모든 새내기 노동인들이 공유할 필요가 있습니다.

먼저 노동의 개념을 온전히 새길 필요가 있습니다. 인류학적으로 노동은 인간의 본질입니다. 인류의 조상들은 오랜 세월에 걸쳐 도구를 만들면서 발로부터 손의 분화를 이뤄 냈지요.

손은 인류와 동물의 결정적 차이입니다. 인류만이 엄지와 다른 손가락을 맞닿게 모을 수 있거든요. 동물의 앞발과는 다른 여러 가지 노동을 한 결과인 거죠. 그래서 사람의 손은 노동의 산물이자 노동의 기관입니다.

노동을 통한 손과 발의 분화는 인간의 직립 과정과 맞물려 있습니다. 인류는 똑바로 서면서 시야가 크게 넓어졌습니다. 직립과 손노동으로 뇌는 점점 발달해 갔지요.

ㄴ

동물은 자연에 순종 또는 순응하며 살아갑니다. 하지만 인간은 자연을 개조하거나 자신의 생활 조건을 발전시켜 나갈 수 있습니다. 바로 노동으로 먹을 것과 잘 곳, 입을 것을 해결하고, 자신의 삶을 주체적으로 열어 갈 수 있게 되었지요. 노동을 통해 자연을 개조하는 과정에서 자기 자신을 정립해 간 겁니다.

노동 과정을 통제하기 위해 뇌는 더 발달해 갔고 다시 노동의 내용도 풍부해지면서 선순환을 이뤘습니다. 노동으로 인간과 인간 사이의 접촉과 상호 작용도 커져 갔지요. 그 소통은 다시 인간의 뇌 발달을 이끌었습니다.

인류는 서로 도와 노동하면 생산물을 더 효과적으로 얻을 수 있다는 사실을 깨우치면서 상대에게 의사를 전달하던 신호가 발전해 언어가 되었습니다. 인간이 도구를 만들면서 노동이 시작됐고 그 과정에서 언어도 생겨난 것이지요.

인간이 감각을 발달시켜 가는 과정에서 이성적 사고 능력이 움텄습니다. 결국 인간의 뇌는 물론이고 사상도 노동의 산물입니다. 사람이라면 으레 있는 자신의 내면세계를 밖으로 드러내 구현하는 일, 줄여 말해서 '내면의 외화'가 다름 아닌 노동이니까요.

쉽게 보기를 들어 보죠. 칼국수가 먹고 싶다는 내면의 욕구를 채우려면 불로 물을 끓여 면을 넣어야겠지요. 자신이든 누군가든 그런 수고 없이 칼국수를 먹을 수 없습니다. 칼국수를 그릇에 담을 때까지 모든 과정이 노동이지요.

집안이 청결한 것도 누군가의 가사 노동 결과입니다. 지금 입고 있는 옷도 누군가 어디선가 노동한 결과죠. 어디 먹는 것이나 입는 것뿐일까요. 책상, 의자, 컴퓨터, 스마트폰, 텔레비전, 책, 집, 건물 모두 누군가의 노동으로 만들어졌습니다. 어느 기업에 취업 또는 입사한다는 말은 생산직이든 사무직이든 서비스직이든 자신의 노동력을 그 업체가 만들거나 제공하는 재화나 용역에 투입한다는 뜻이지요.

여기서 자연스럽게 의문을 제기할 수 있습니다. 노동은 딱히 노예가 아니더라도 '목구멍이 포도청'이기에 어쩔 수 없이 하는 일 아니냐는 물음이 그것입니다. 실제로 공휴일을 목마르게 기다리는 노동인들이 적지 않습니다. '월요병'이라는 말이 나돈 지도 오래입니다.

그러므로 노동은 '인간 내면의 외화'라는 논리에 공감하기 어려울 수 있습니다. 기실 그런 의문은 자연스럽고 보편적 현상이기도 합니다.

노동인을 위한 마르크스의 탐구

노동 계약을 맺고 자신과 가족의 생계를 위해 일터에서 긴 시간 끝없이 반복되는 일을 하며 퇴근 이후에 자유를 느끼는 숱한 '회사원'이라는 이름의 노동인들에게 노동은 내면의 외화일 수 없기 때문이지요.

가령 한국은 대기업 노동인이든 자영업에 고용된 노동인이든 장시간 노동에 시달리고 있습니다. 따라서 노동 자체가 동물적 활동에 머물지 않도록, 다시 말해 노동을 인간화하는 방법을 찾아야 옳습니다.

우리 삶과 사회의 기반이 되는 모든 것은 사람들이 노동하는 수고로 생산되고 있기에 더 그렇습니다. 현대 사회에서 일하는 모든 사람들은 자신의 노동으로 서로에게 도움이 되는 재화를 만들거나 서비스를 제공하고 있습니다. 사회 구성원 개개인들이 먹고 입고 머무는 기초 생활과 일상의 생필품에서부터 가장 높은 경지의 예술에 이르기까지, 모두 인간의 내면에 떠오른 구상을 외화해서 현실화한 노동의 결과물이자 창조물이지요. 아무리 창조적인 생각도 그것을 밖으로 드러내는 노동이 없다면 현실이 되기 어렵습니다.

문제는 자본주의 사회에서 인간의 본질적인 존재 양식인 노동이 뒤틀리고 억압받는 데 있습니다. 그것을 노동의 소외라고 하는데요. '소외'는 인간이 자신의 본질을 잃고 비인간적인 상태에 빠지는 것을 이르지요.

노동의 소외를 설명하려면 어쩔 수 없이 한 철학자를 불러와야 하는데요. 그에게 사람은 자연과 분리되지 못한 채 생존하다가 소멸하는 동물과 달리 자유롭고 의식적인 존재입니다. 동물과 다른 그 차이, 자유롭고 의식적인 활동을 '노동'으로 개념화했지요. 그에게 사람은 노동으로 자기를 실현하는 사회적 존재입니다.

이미 짐작하는 사람도 있으리라 생각되지만, 그의 이름은 상공인들의 역사적 위업을 정확히 평가한 마르크스입니다.

마르크스는 엥겔스와 사귀며 상공인들이 주도한 근대 사회가 얼마나 노동인들을 억압하고 있는지에 눈을 떴지요. 그 시기에도 경제학자들은 노동인들의 참상을 외면하고 있었습니다. 엥겔스는 자본가의 아들이면서도 "국민 경제학, 곧 부의 축적에 관한 학문은 상공업자 사이의 질투와 탐욕에서 태어난 것으로 그 이마에 혐오스러운 이기심의 딱지가 붙어 있다"고 통렬히 비판했습니다.

당시 자본주의가 가장 발달한 영국에서 노동인들이 살아가는 참상을 생생히 목격한 마르크스는 새로운 철학을 정초해 갔습니다. 노동에 대한 마르크스의 철학적 탐구는 개개인의 삶과 사회의 기반이 되는 모든 것은 사람들이 노동하는 수고로 생산된다는 당연한 사실, 하지만 지금까지 외면받아 온 진실을 확연히 드러내 주었습니다.

기나긴 철학사에서 처음으로 일하는 사람들, 억압과 고통을 받으면서도 한 사회의 생산을 도맡아 온 사람들 쪽에 서서 철학을 전개한 철학자가 마르크스입니다.

고대 노예와 중세 농노를 비롯해 사회 전체를 먹여 살려 온 민중에 대해 거의 모든 철학자들은 모르쇠를 놓았습니다. 고대 철학자들은 노예들의 고통을, 중세 철학자들은 농노들의 빈곤을 외면했지요. 마르크스는 그러면서도 '현인'을 자처하거나 휴머니즘과 사랑을 주창한 철학자들과 신학자들을 비판했습니다.

마르크스는 철학을 알 기회조차 갖지 못한 채 평생을 생존의 굴레 속에 살아가야 했던 절대다수의 인류를 처음 철학으로 끌어들였을 뿐만 아니라 그들에게 역사의 주체 자리를 마련해 주었습니다. 정치권력과 경제력을 지닌 사람들의 주변을 맴돌며 사유해 온 그때까지의 철학사에 새로운 지평을 열었지요.

그럼 마르크스가 제기한 자본주의 사회에서 '노동인들의 소외'를 들여다볼까요. 마르크스는 네 가지 수준에서 노동이 소외된다고 설명했습니다.

첫째, 노동 생산물로부터 소외입니다. 노동인의 생산물이 자신의 욕구를 충족시키는 것이 아니라 자신에게 낯선 독립적인 힘으로 노동인을 지배하는 현상입니다.

둘째, 생산 활동으로부터 소외입니다. 노동인은 노동 속에서 자신을 긍정하는 것이 아니라 부정하며, 행복을 느끼는 것이 아니라 불행을 느끼며, 자유로운 육체적·정신적 에너지를 발휘하는 것이 아니라 고행으로 자신의 육체를 쇠약하게 만들고, 정신마저 파멸시킨다고 진단했지요.

셋째, 유적 존재로부터 소외입니다. 인간을 다른 동물과 구별하는 노동이 단순히 생존을 위한 수단이 됨으로써 인간이 자신의 유적 본질을 잃어버리는 현상을 이릅니다.

넷째, 인간의 인간으로부터의 소외입니다. 자신만이 아니라 다른 사람도 똑같이 인간적 본질로부터 소외되고 서로가 서로에게서 소외되는 현상이지요.

국어사전이 '노동인'을 풀이하고 있듯이 '노동력을 제공하고 얻은 임금으로 살아가는 사람'은 근대 자본주의 사회의 산물입니다. 자본주의 사회 이전에는 임금으로 살아가는 노동인이 없었습니다. 전근대 사회는 고대 노예든 중세 농노든 신분 제도 아래서 자신을 소유하거나 지배하고 있는 특권 계급에 인생 자체가 종속되어 있었거든요. 토지와 신분에 묶인 노예나 농노에게

ㄴ

자유는 없었습니다.

하지만 근대 사회의 노동인은 신분 제도의 구속을 받지 않는 자유로운 사람입니다. 신분제의 억압으로부터 자유의 중요성은 결코 가볍게 볼 수 없는 세계사적 성취이지요. 그 성취를 전제로 냉철한 판단이 필요합니다.

노동인이 얻은 자유는 과연 얼마나 자유의 이름에 값할까요? 법적으로 노동 계약은 노동인과 자본가인 상공인의 자유로운 선택으로 이뤄집니다. 노동인을 고용한 상공인과 노동인도 "법 앞에 평등"합니다. 법적으로 노동 계약을 맺을 때 노동인과 상공인은 적어도 법 형식에서 대등하지요.

그런데 노동인과 상공인이 실제로 평등하다는 질문에 과연 '그렇다'고 답할 노동인이 얼마나 될까요? 물론, 노동인은 자신의 노동력을 제공하고, 상공인(자본가)은 그에 따른 대가로 임금을 지급하는 노동 계약을 법적 형식 논리로 본다면, 노동인은 얼마든지 노동력 제공을 거부할 권리가 있습니다.

하지만 노동력 제공을 거부하면 임금을 받을 수 없지요. 그때 노동인은 생계가 막연해지며 생존권의 위협을 받습니다. 반면에 자본가는 계약을 파기하더라도 생계와 생존의 위협에 시달리지 않습니다. 지니고 있는 자본으로 얼마든지 생계를 해결하고 여유를 누릴 수 있기 때문이지요. 법 앞에 자유와 평등이 실제 구체적인 삶에서 공허하게 다가올 수밖에 없는 이유가 여기 있습니다.

그렇다면 실질적 불평등은 인간 사회에서 어쩔 수 없는 일인 가요? 그렇지 않습니다. 바로 그래서 노동인의 권리를 인식하는 것이 중요합니다. 사람과 동물의 차이가 노동에 있다면, 사람답게 살아가는 길에 노동의 문제를 건너뛸 수 없겠지요. 노동인들이 일찌감치 노동 운동에 나선 이유입니다. 그 시기에 마르크스의 철학이 노동인들에게 큰 힘이 되었습니다.

국제노동기구의 설립 정신

마르크스가 1883년 런던의 공동묘지에 묻힌 뒤에도 노동인들은 줄기차게 사람답게 살 권리를 위해 싸웠습니다. 그 열매 가운데 하나가 지금 왕성하게 활동하는 국제노동기구(ILO, International Labour Organization)입니다. 새내기 노동인들이 알아둬야 할 국제기구인데요.

ILO는 1919년 창립했습니다. 유럽 자본가들의 탐욕이 제국주의로 치달으며 기어이 1차 세계 대전이라는 살육전을 벌인 직후입니다. 더구나 '노동 계급 해방'을 내세운 러시아 혁명이 성공해 사회주의가 유럽에 넘실거리는 상황이었지요.

ILO는 1919년 6월 제1차 세계 대전을 마무리하는 베르사유 평화 조약에 따라 국제 연맹 아래 준독립 기구로 '노동 조건을 개선하여 사회 정의를 확립하고 나아가 세계 평화에 공헌하기 위하여' 출범했습니다. 1930년대에는 세계적 대공황을 넘어서기 위한 방안을 탐색했습니다.

2차 세계 대전을 겪으며 ILO의 국제적 위상이 더 높아져야 한다는 시대적 요구가 커졌습니다. 1944년 5월 미국 필라델피아에서 개최된 회의에서 기구를 설립한 취지와 목적을 확인하는 선언문을 채택했는데요.

선언문은 '인간의 노동은 상품이 아니다'라며 '생활 수준 향상, 완전 고용, 단체 교섭권의 승인, 노사의 협조, 사회 보장 및 복지 입법 실현, 교육 및 직업의 기회균등'을 목적으로 규정했습니다. 1946년 12월 UN 전문 기구로 편입되었고 대한민국은 1991년 12월 152번째로 가입한 나라가 되었습니다.

ILO의 조직은 크게 총회·이사회·사무국·지역 사무소, 각종 회의와 위원회로 구성되어 있는데요. 총회는 각 회원국마다 정부 대표 두 명, 노사 대표 각 한 명으로 구성됩니다. 각국의 노동입법 수준을 높여 노동 조건과 생활 수준을 보장하고 개선하는 일을 하며 사회 정책과 행정, 인력 자원 훈련 및 활용에 기술 지원을 하고 있습니다. 1969년 노벨 평화상을 받았지요.

그럼 ILO가 공인한 노동인의 가장 기초적인 권리를 살펴볼까요. 대한민국 헌법에도 명문화된 노동삼권이 있습니다. 단결권, 단체 교섭권, 단체 행동권인데요.

노동삼권은 자본주의 사회에서 생산 수단을 갖지 못한 노동인들이 자본의 힘에 맞서 노동 조건의 향상과 인간다운 생활을 확보하기 위하여 행사할 수 있는 권리입니다. 새내기 노동인들 또한 자신의 권리로 헌법에 보장되어 있는 만큼 반드시 알고 있어야 할 기본권입니다.

먼저 '단결권'은 노동 조건의 개선, 임금 인상을 위하여 노동인들이 노동조합을 결성할 수 있는 권리입니다. 단결권만 있어서는 안 되겠죠? 노동 조건과 관련된 내용을 노동인들이 조직한 단체를 통하여 자본과 협상할 수 있는 권리가 '단체 교섭권'입니다. 하지만 그것만으로 온전하지 않습니다. 교섭을 해도 자본이 모르쇠로 일관할 수 있으니까요. 바로 그래서 '단체 행동권'을 보장하고 있습니다. 노동인들이 자본에게 요구 조건을 관철하기 위해 집단적으로 태업이나 파업과 같은 단체 행동을 할 수 있는 권리입니다.

이참에 노동과 관련한 대한민국 헌법을 명확히 짚고 가죠. 법치주의 국가에서 가장 상위법인 헌법이 노동인의 권리를 어떻

ㄴ

게 보장하고 있는가를 단 한 글자도 놓치지 말고 기억해 둘 필요가 있습니다.

헌법은 제32조에서 "모든 국민은 근로의 권리를 가진다"고 명문화하고 제33조에서 "근로자는 근로 조건의 향상을 위하여 자주적인 단결권·단체 교섭권 및 단체 행동권을 가진다"고 선언하고 있습니다.

흔히 노동삼권이라면 진보적인 것으로 오해하거나 몰아가는 윤똑똑이들이 있지만 다름 아닌 헌법적 가치임을, 노동삼권은 바로 새내기 노동인들에게 주어진 권리임을, 그 권리가 보수와 진보를 떠나 국제적으로 합의되고 공인된 권리임을 똑똑히 인식하고 있어야 합니다.

오히려 일터에서 흔히 쓰는 '경영권'이란 말이야말로 지극히 자의적입니다. 경영권은 헌법에 보장된 권리가 전혀 아닐뿐더러 법적 개념도 아닙니다.

지구촌 최대의 노동조합 단체인 국제노동조합총연맹(ITUC, International Trade Union Confederation)이 세계 144개국 노동권 현황을 조사해 발표한 '2020년 글로벌 노동권 지수' 보고서에 따르면 한국은 7년 연속 노동의 권리를 제대로 보장하지 않는 나라로 꼽혔습니다.

국제노총이 발표한 글로벌 노동권 지수(GRI, Global Rights Index)

에서 한국은 최하위 5등급 나라입니다. 한국과 함께 5등급 나라는 중국·아프가니스탄·알제리·캄보디아·인도·과테말라 등 32개 국이지요. 물론, 5등급보다 낮은 5+등급이 있긴 하지만 그 등급은 '내전 등의 특수한 상황으로 노동 기본권이 보장될 수 없는 나라'들입니다. 한국은 사실상 최하위인 5등급으로 경제개발협력기구(OECD) 회원국 중 가장 낮지요. 1등급 국가는 스웨덴·덴마크·핀란드·독일을 포함한 12개국입니다. 일본은 2등급, 영국은 3등급, 미국은 4등급으로 평가돼 한국보다는 사정이 나았습니다.

<표2> 2020년 글로벌 노동권 지수

등급	국가 수	주요 국가
1	12국	스웨덴, 노르웨이, 핀란드, 덴마크, 독일, 네덜란드, 오스트리아, 아일랜드
2	26국	프랑스, 캐나다, 일본, 대만, 벨기에, 스페인, 스위스, 체코, 이스라엘
3	24국	영국, 호주, 러시아, 폴란드, 헝가리, 영국, 아르헨티나, 네팔
4	41국	미국, 칠레, 앙골라, 말레이시아, 멕시코, 베네수엘라, 베트남
5	32국	한국, 중국, 아프가니스탄, 방글라데시, 캄보디아, 이라크, 파키스탄
5+	9국	리비아, 소말리아, 팔레스타인, 수단, 예멘, 중앙아프리카공화국

어떤가요. 대한민국을 '민주노총의 나라'로 몰아세우는 국내 최대 발행 부수 신문의 선동에 귀 익은 새내기 노동인이라면 놀

ㄴ

랄 만한 국제 지표이지요. 하지만 국제적으로 공인된 '글로벌 비교' 결과입니다.

우리가 노동의 권리에 둔감할 때, 교육과 언론이 우리의 노동 의식을 '우물 안 개구리'로 만들 때, 그 피해는 고스란히 우리 노동인들에게 다가옵니다. 세계 최장의 노동 시간, 산업 재해 1위, 비정규직 비율 1위 따위의 부끄러운 통계들은 결코 나와 무관한 지표가 아닙니다.

노동삼권과 더불어 새내기들이 새겨 두어야 할 권리는 '사회권'입니다. 노동삼권이 노동인으로서 권리라면 사회권은 사람으로서 지닌 권리입니다. 사회권 또한 국제적으로 합의되고 공인된 권리이지요.

그 내용은 '경제적·사회적·문화적 권리에 관한 국제 규약(International Covenant on Economic, Social and Cultural Rights)에 잘 나와 있어요. 국제적으로는 'A 규약'으로 불리는데요. 국제 인권 규약 가운데 하나로 국가에 의한 인권 보장을 요구하는 권리입니다. 1966년 12월 유엔(국제연합) 총회에서 채택되고 1976년 1월 3일 발효되었지요.

노동삼권이 그렇듯이 이 또한 글로벌 스탠더드입니다. 자유권이 국가의 불법적이고 부당한 행위에 대해 개인의 생명·재산·자유를 요구하는 소극적 권리라면, 사회권은 실질적 평등과 분배 정의를 고갱이로 하며 국가에 그 이행을 요구하는 적극적 권리입니다.

사회권, 그러니까 '경제적·사회적·문화적 권리에 관한 국제 규약' 또한 대한민국 적용일이 6월 대항쟁 이후인 1990년 7월 10일이므로 당연히 새내기 노동인들이 알고 있어야 할 권리입니다.

규약 전문은 "국제연합 헌장에 선언된 원칙에 따라 인류 사회의 모든 구성원 고유의 존엄성 및 평등하고 양도할 수 없는 권리를 인정하는 것이 세계의 자유, 정의 및 평화의 기초가 됨"을, 또 "이러한 권리는 인간의 고유한 존엄성으로부터 유래함"을 밝힙니다. 이어 자유로운 인간의 이상은 "모든 사람이 자신의 시민적, 정치적 권리뿐만 아니라 경제적, 사회적 및 문화적 권리를 향유할 수 있는 여건이 조성되는 경우에만 성취될 수 있음"을 선언합니다.

제1조에서 "모든 민중(people)은 자결권을 가진다(All peoples have the right of self-determination). 이 권리에 기초하여 모든 민중은 그들의 정치적 지위를 자유로이 결정하고, 또한 그들의 경제적, 사회적 및 문화적 발전을 자유로이 추구한다"고 공언합니다. 이어 7조와 8조에서 노동권을 중요하게 강조합니다.

제7조 이 규약의 당사국은 특히 다음 사항이 확보되는 공정하고 유리한 노동 조건을 모든 사람이 누릴 권리를 인정한다.

(a) 모든 노동인에게 최소한 다음의 것을 제공하는 보수

(i) **공정한 임금과 어떠한 종류의 차별도 없는 동등한 가치의 노동에 대한 동등한 보수**, 특히 여성에게 동등한 노동에 대한 동등한 보수와 함께 남성보다 열등하지 아니한 노동 조건의 보장

(ii) 이 규약의 규정에 따른 노동인 자신과 그 가족의 품위 있는 생활

(b) **안전하고 건강한 노동 조건**

(c) 연공서열 및 능력 이외의 다른 고려에 의하지 아니하고, 모든 사람이 자기의 직장에서 적절한 상위직으로 승진할 수 있는 **동등한 기회**

(d) 휴식, 여가 및 노동 시간의 합리적 제한, 공휴일에 대한 보수와 정기적인 유급 휴일

제8조 1. 이 규약의 당사국은 다음의 권리를 확보할 것을 약속한다.

(a) 모든 사람은 그의 경제적, 사회적 이익을 증진하고 보호하기 위하여 노동조합을 결성하고, 그가 선택한 노동조합에 가입하는 권리. 그러한 권리의 행사에 대하여는 법률로 정하여진 것 이외의 또한 국가 안보 또는 공공질서를 위하여 또는 타인의 권리와 자유를 보호하기 위하여 민주 사회에서 필요한 것 이외의 어떠한 제한도 과할 수

없다.

(b) 노동조합이 전국적인 연합 또는 총연합을 설립하는 권리 및 총연합이 국제 노동조합 조직을 결성하거나 또는 가입하는 권리

(c) 노동조합은 법률로 정하여진 것 이외의 또한 국가 안보, 공공질서를 위하거나 또는 타인의 권리와 자유를 보호하기 위하여 민주사회에서 필요한 제한 이외의 어떠한 제한도 받지 아니하고 자유로이 활동할 권리

(d) 특정 국가의 법률에 따라 행사될 것을 조건으로 파업을 할 수 있는 권리

이어 노동권을 넘어선 사회권을 구체적으로 명시합니다. 9조에서 "이 규약의 당사국은 모든 사람이 사회 보험을 포함한 사회 보장에 대한 권리를 가지는 것을 인정"한다고 명문화하고 10조에서 다음과 같이 선언합니다.

제10조 이 규약의 당사국은 다음 사항을 인정한다.

1. 사회의 자연적이고 기초적인 단위인 가정에 대하여는, 특히 **가정의 성립을 위하여 그리고 가정이 부양 어린이의 양육과 교육에 책임을 맡고 있는 동안에는 가능한 한 광범위한 보호와 지원이 부여된다.** 혼인은 혼인 의사를 가진 두 당사자의 자유로운 동의하에 성립된다.

ㄴ

2. 임산부에게는 분만 전후의 적당한 기간 동안 특별한 보호가 부여된다. 동 기간 중의 노동 임산부에게는 유급 휴가 또는 적당한 사회 보장의 혜택이 있는 휴가가 부여된다.

3. 가문 또는 기타 조건에 의한 어떠한 차별도 없이, 모든 어린이와 연소자를 위하여 특별한 보호와 원조의 조치가 취하여진다. 어린이와 연소자는 경제적, 사회적 착취로부터 보호된다. 어린이와 연소자를 도덕 또는 건강에 유해하거나 또는 생명에 위험하거나 또는 정상적 발육을 저해할 우려가 있는 노동에 고용하는 것은 법률에 의하여 처벌할 수 있다. 당사국은 또한 연령 제한을 정하여 그 연령에 달하지 않은 어린이에 대한 유급 노동에의 고용이 법률로 금지되고 처벌될 수 있도록 한다.

제11조 1. 이 규약의 당사국은 **모든 사람이 적당한 식량, 의복 및 주택을 포함하여 자기 자신과 가정을 위한 적당한 생활 수준을 누릴 권리와 생활 조건을 지속적으로 개선할 권리**를 가지는 것을 인정한다. 당사국은 그러한 취지에서 자유로운 동의에 입각한 국제적 협력의 본질적인 중요성을 인정하고, 그 권리의 실현을 확보하기 위한 적당한 조치를 취한다.

2. 이 규약의 당사국은 **기아로부터의 해방이라는 모든 사람의 기본적인 권리**를 인정하고, 개별적으로 또는 국제 협력을 통하여 아래

노동의 권리

사항을 위하여 구체적 계획을 포함하는 필요한 조치를 취한다.

(a) 과학·기술 지식을 충분히 활용하고, 영양에 관한 원칙에 대한 지식을 보급하고, 천연자원을 가장 효율적으로 개발하고 이용할 수 있도록 농지 제도를 발전시키거나 개혁함으로써 식량의 생산, 보존 및 분배의 방법을 개선할 것.

(b) 식량 수입국 및 식량 수출국 쌍방의 문제를 고려하여 필요에 따라 **세계 식량 공급의 공평한 분배**를 확보할 것.

제12조 1. 이 규약의 당사국은 **모든 사람이 도달 가능한 최고 수준의 신체적·정신적 건강을 누릴 권리**를 인정한다.

2. 이 규약 당사국이 동 권리의 완전한 실현을 달성하기 위하여 취할 조치에는 다음 사항을 위하여 필요한 조치가 포함된다.

(a) 사산율과 유아 사망률의 감소 및 어린이의 건강한 발육

(b) 환경 및 산업 위생의 모든 부문의 개선

(c) 전염병, 풍토병, 직업병 및 기타 질병의 예방, 치료 및 통제

(d) **질병 발생 시 모든 사람에게 의료와 간호를 확보할 여건의 조성**

사회권 규약은 모든 사람이 적당한 식량, 의복 및 주택을 포함하여 자기 자신과 가정을 위한 적당한 생활 수준을 누릴 권리와 생활 조건을 지속적으로 개선할 권리를 명시하고 있습니다. 기

ㄴ

본적인 식의주의 생활을 보장받을 권리가 있다는 거죠. 이어 13조에서는 모든 사람이 교육에 대한 권리를 가진다고 선언합니다. 교육이 인격과 인격의 존엄성에 대한 의식이 완전히 발전되는 방향으로 나아가야 하며, 교육이 인권과 기본적 자유를 더욱 존중해야 한다고 강조합니다.

요컨대 사회권은 일(노동)할 수 있는 권리, 실업으로부터 보호받을 권리, 휴식과 여유를 가질 권리, 건강 및 행복에 필요한 생활 수준을 누릴 권리, 교육을 받을 권리들을 이릅니다.

사회권이 처음으로 헌법에 반영된 것은 1919년 독일 바이마르 공화국 때입니다. 바이마르 공화국 헌법은 "사회·경제적 강자의 경제 활동에 대해 적극적인 제한 규정을 도입하고 사회·경제적 약자에게는 사회권을 보장한다"라고 명시했습니다.

대한민국은 1990년에 사회권 규약을 비준했기 때문에 국민 모두가 사회권 규약이 명문화한 권리를 누려야 마땅합니다. 실제 대한민국 헌법도 노동삼권을 보장하고, 제34조 1항과 2항에서 "모든 국민은 인간다운 생활을 할 권리를 가진다"와 "국가는 사회 보장·사회 복지의 증진에 노력할 의무를 진다"고 선언하고 있습니다. 3항에서 여자의 복지와 권익의 향상을 위하여 노력하여야 한다고 규정한 데 이어 4항에선 "노인과 청소년의 복지 향상을 위한 정책을 실시할 의무"를 강조하고 있습니다. 제35조

노동의 권리

에서는 "건강하고 쾌적한 환경에서 생활할 권리"를 명문화했습니다.

과연 헌법에 보장된 권리는 얼마나 구현되고 있을까요. 적잖은 유럽인들이 한국인은 권리 의식이 약하다고 꼬집습니다. 피상적인 인식이지요. 한국인에게 아무도 권리를 가르쳐 주지 않아서 그럴 뿐입니다.

실제로 노동삼권이 무엇인지 아는 고등학생은 많지 않습니다. 대학생들도 마찬가지입니다. 초등학생 때부터 노동인의 권리와 단체 교섭 방법을 익히는 유럽의 젊은이들과 큰 차이가 있지요.

대다수가 국민의 4대 의무는 들어왔지만 노동삼권이나 사회권 권리는 들어보지 못했을 터입니다. 노동삼권이나 사회권을 마치 진보 진영의 논리라든가 무슨 시혜처럼 생각하는 사람도 적지 않습니다.

사실은 전혀 아니지요. 우리보다 앞서 살았던 수많은 착한 사람들의 희생, 그들의 땀과 피로 쟁취한 권리입니다. 감히 누구도 부정할 수 없기 때문에 헌법에 명문화했고, 노동권을 보장한 국제노동기구와 유엔의 사회권 협약에 대한민국이 동의한 거죠.

따라서 권리를 명확히 알았다면, 이제 그것을 누려야 마땅합니다. 물론, 거부감이 일어날 수도 있습니다. 어려서부터 학교에서 선생님으로부터 "부모님 말씀 잘 들어라", 집에선 "선생님 말씀 잘 들어라"는 말을 많이 듣고 자랐기 때문입니다. 부정과 복종의 말만 듣고 살아온 탓에 기성세대는 자본의 갑질 앞에 가만히 있어 왔습니다. 민주 공화국의 주권자라면 자신의 권리 찾기에 소홀하지 말아야 합니다. 국민의 의무는 권리가 있기에 부여되는 것입니다.

사람답게 살 권리, 바로 인간의 존엄성이고 인권입니다. 헌법이 보장하는 그 권리가 충족되지 않을 때 일차적 책임은 개인이 아니라 국가가 져야 합니다. 그렇지 못할 때 당당히 국가에 요구해야 합니다. 그것이 주권자로서 노동인의 자세입니다. 국가에 요구하지 않고 가만히 있을 때, 그 피해와 책임은 노동인 자신은 물론 모든 민중에게 돌아갈 수밖에 없습니다.

노동의 권리

노조는 '노동 귀족'의 이기적 조직이다?

노동조합을 '빨간 조끼'나 '노동 귀족'의 이기적 조직으로 비난하는 말을 누구나 들어보았을 성싶습니다. 한국에서 발행 부수가 가장 많은 신문이 민주노총 창립 이후 노상 그렇게 비난해 왔고, 그 영향을 받은 기성세대의 가치관이 알게 모르게 젊은 세대에게도 이어지고 있으니까요.

문제는 수구적인 세력만이 아니라 비판적 학자들까지 '민주노총 때리기'에 가담하는 데 있습니다. 가령 문재인 정부에 들어서서 경제사회발전 노사정위원회가 주최한 토론회에서 민주노총의 '전투성'도 문제라는 교수들의 주장이 거침없이 나왔습니다. 비슷한 시기에 한 신문은 사회면 머리기사로 "민노총의 역효과… 대학 청소 근로자 일자리 되레 줄었다"고 보도했는데요(조선일보, 2018년 1월 4일). 기사는 "올해 들어 서울 고려대·연세대 등은 학내 비정규직 청소·경비 근로자 일부를 3~6시간만 일하는 파트타임 직원으로 바꿨다. 정년퇴직으로 비게 된 자리를 파트타임직으로 대체"했다며 "민노총의 무리한 요구가 현실 노동 시장에서 어떻게 작동했는지 보여 주는 상징적 사례"라고 보도했습니다. 하지만 대학 당국의 일방적 횡포에 맞서 고대, 홍대에 이어 연대에서도 일용직 개악을 막아냈습니다. 대학 청소 노동자들의 정당한 쟁의에 대다수 언론은 싸늘했지요. 그 대학의 교수들도 모르쇠를 놓았습니다. 오직 민주노총만이 애면글면 함께 싸워 막아냈지요. 노사정위원회에서 민주노총의 전투성을 문제 삼은 교수의 주장은 청소 노동자와 민주노총이 대학 당국을 상대로 한창 싸우고 있을 때 나왔습니다.

물론 극히 일부이지만 노동 운동의 본령을 망각한 대기업 노조도 분명 있습니다. 하지만 민주노총 소속의 노동조합 절대다수는 건강합니다. 당장 스스로 짚어 보기 바랍니다. 대한민국에서 비정규직 노동자들을 위해 민주노총보다 더 앞장서서 싸우고 있는 조직이 있나요?

본디 '노동 귀족'은 스스로 노동조합에 가입한 노동인이면서 노동인들에 적대적 언행으로 호의호식하는 노동인을 이르는 말입니다. 지금 그 말에 가장 어울리는 노동인들은 누구일까요? 그 스스로 사주에 예속된 언론 노동인이면서 오랜 세월 반노동자적 보도를 일삼아 온 기자들, 가뭄에 웬 파업이냐는 기상천외한 기사와 편집을 내놓은 언론 노동인들이 아닐까요. 억대 조종사들 파업이라고 대서특필한 언론들은 정작 조종사 노동조합이 만들어진 뒤에 항공기 추락 사고가 사라진 사실엔 눈감습니다. 노동조합 마녀사냥에 무심코 따라가는 사람들이 꼭 짚어야 할 대목입니다. 촛불을 든 시민들 가운데에도 가랑비에 옷 젖듯이 언론의 '민주노총 죽이기'에 익숙한 사람들이 적지 않기에 더 그렇습니다.

한국의 노동조합은 아직 약합니다. 민주노총과 한국노총 조직률을 더

해도 12% 안팎입니다. 한국 정치사에선 70여 년 넘도록 민주노동 운동이 지지하는 정당이 집권한 사례도 없습니다. 노동 운동에 부족함이 있다면, 그것을 채워 갈 주체가 바로 새내기 노동인들입니다.

일터에 노동조합이 없다면 정성으로 뜻을 모아 노조를 창립하고, 이미 조합이 있다면 더 노조다운 조직으로 만들어가야 합니다. 새내기 노동인들 가운데 누군가는 자신의 일터에서 노동조합 전임으로 일할 생각을 해야 합니다. 또 누군가는 전국 단위에서 전임으로 일하겠지요. 우리 노동인들이 살고 있는 주객관적 조건을 정확히 인식하고 실사구시의 철학으로 무장한 노동 운동의 역량 강화는 민주주의와 복지 국가를 앞당기는 가장 확실한 길입니다.

ㄷ

대안과 소통

ㄱ

1

대안 없다는
거짓말

일터의 조직과 노동의 권리에 '글로벌 스탠더드'를 숙지하셨나요. 여전히 실감하지 못하는 노동인들이 적지 않을 터입니다. 조직의 국제 표준이든 사회적 인권이든 그것은 말 그대로 미사여구의 선언에 그칠 뿐 실제 자본주의 사회에서 살아가는 살풍경과는 별개라는 예단이 알게 모르게 깊이 새겨져 있기 때문입니다.

아직도 '무노조 경영' 고집하는 언론

2020년 5월 6일 삼성전자 이재용 부회장이 대국민 사과문을 발표하며 이제 삼성에서 '무노조 경영'이라는 말이 더는 나오지 않도록 하고 "제 아이들에게 회사 경영권을 물려주지 않을 생각"이라고 약속했습니다.

어떻게 보아야 할까요? 언론 기업과 사립 대학에서 노동인으로 일하며 '무노조 경영'의 위헌성과 '세습 경영'의 문제점을 20년에 걸쳐 칼럼·저서·토론·강연에서 제기해 온 저로서는 일단 반가운 뉴스였습니다. 늦게나마, 그리고 '약속'이나마 국제노동기구(ILO)가 제시한 노동권과 기업 조직의 국제 표준(ISO26000)에 동의한 셈이라고 볼 수 있으니까요.

하지만 재판을 앞둔 시점에서 사과문이 나온 사실에 유의할 필요가 있습니다. 박근혜 전 대통령과 최순실에게 뇌물을 주는 대가로 삼성물산·제일모직 합병을 비롯해 '세습 작업'에 도움을 받은 혐의로 구속되었다가 2심에서 집행 유예로 석방된 상태였거든요. 이건희에서 이재용으로 삼성그룹을 쉽게 세습하기 위해 '분식 회계'를 저지른 혐의도 있지요.

따라서 이재용의 약속은 사법 처리를 의식한 '보여 주기'나 '위기 모면책'일 가능성이 높습니다. 실제로 이재용은 사과문을

ㄷ

내고 한 달도 안 되어 외부 전문가들을 통해 기소 여부를 판단하는 검찰수사 심의위원회에 신청서를 냈고, 심의위는 그의 기대대로 검찰에 불기소를 권고했습니다. 바로 그렇기에 새내기 노동인들이 눈 부릅뜨고 지켜볼 필요가 있습니다. 2020년 현재 이재용의 아들이 스무 살을 맞았기에 더 그렇습니다.

그런데 우리 사회에는 삼성의 문제점을 거론할 때마다 불편해하는 사람들이 적잖습니다. 더러는 삼성이 한국 경제에서 차지하는 비중을 들어 '현실을 모르는 소리' 말라고 눈 부라리기도 하지요.

하지만 삼성의 문제점을 제기하는 일은 보수나 진보의 문제가 아닙니다. 대한민국 헌법에 보장된 노동삼권을 인정하느냐 여부의 문제이지요. 더구나 삼성을 진정한 '한국의 브랜드'로 만들려면 기업 조직을 ISO26000에 맞춰 다듬어 가야 합니다. 삼성 자신을 위해서도 비판을 억눌러서는 안 되는 거죠.

이재용이 재판을 앞두고 사과문을 발표하기 다섯 달 전인 2019년 12월에 이미 사법부는 삼성의 '노동조합 와해 공작'에 가담한 전·현직 고위 임원들에게 실형을 선고하고 법정 구속했습니다. 이재용의 최측근으로 꼽히는 이상훈 삼성전자 이사회 의장과 노동 통제 전략을 세우고 실행한 삼성그룹 미래전략실 (미전실) 강경훈 부사장 모두 징역 1년 6개월씩 선고받았습니다.

삼성전자 전무와 삼성전자서비스의 대표와 전무는 각각 징역 1년, 1년 6개월, 1년 2개월을 받았지요. 외부에서 삼성그룹 노조 와해에 가담한 전직 정보 경찰과 노무사도 징역형을 선고받았습니다.

삼성전자서비스에서 일어난 조직적인 노조 와해 행위에 2013년 검찰이 수사를 시작하고 6년 만에 나온 법원 판단이지요. 삼성에서 이사회 의장까지 올라간 경영인이 '노동조합 와해 공작'에 연루되어 징역형을 받은 것은 부끄러운 일입니다. 국제 표준 ISO26000에 비춰 보기도 민망한 일이 아닐 수 없지요.

삼성은 '삼성전자·삼성물산' 명의로 다음과 같은 '입장문'을 냈습니다.

"노사 문제로 인해 많은 분들께 걱정과 실망을 끼쳐 드려 대단히 죄송합니다. 다시는 이런 일이 발생하지 않도록 하겠습니다. 과거 회사 내에서 노조를 바라보는 시각과 인식이 국민의 눈높이와 사회의 기대에 미치지 못했음을 겸허히 받아들입니다. 앞으로는 임직원 존중의 정신을 바탕으로 미래 지향적이고 건강한 노사 문화를 정립해 나가겠습니다."

삼성이 사법부의 심판을 받고 '무노조 경영'에 반성하는 입장

ㄷ

문을 내기까지엔 피맺힌 희생이 있었습니다. 두 노동인의 죽음이 직접적 계기였지요. 삼성전자서비스가 노조를 설립한 에어컨 수리 기사들의 일감을 빼돌리던 2013년에 서른두 살의 에어컨 수리 기사 최종범이 유서를 남기고 스스로 목숨을 끊었습니다.

"저 최종범이 그동안 삼성서비스 다니며 너무 힘들었어요. 배고파 못 살았고 다들 너무 힘들어서 옆에서 보는 것도 힘들었어요. 그래서 전 전태일님처럼 그러진 못해도 전 선택했어요. 부디 도움이 되길 바라겠습니다."

세계적 기업인 삼성의 이름 아래 일하던 수리 기사가 "배고파서 못 살겠다"는 유서를 남긴 사실은 충격입니다. 그로부터 겨우 여섯 달이 지났을 때 노동조합 지역 분회장을 맡고 있던 서른네 살 염호석이 목숨을 끊었습니다. 강원도 정동진에서 언덕에 주차한 차 안에서 소주와 타다만 번개탄, 유서와 함께 시신으로 발견됐는데요. 노동조합 삼성전자서비스지회에 보내는 유서부터 볼까요.

"삼성서비스지회 여러분께. 저는 지금 정동진에 있습니다. 해가 뜨는 곳이기도 하죠. 이곳을 선택한 이유는 우리 지회가 빛을 잃지 않고 내일도 뜨는 해처럼 이 싸움 꼭 승리하리라 생각해서입니다. 저를 친동생처럼 걱정해 주고 아껴 주신 부양지부 여러분 또 전국의 동지 여러분께 감사드립니다. 아무것도 아닌 제가 여러분 곁에 있었던 것만으로도 기쁨이었습니다. 더 이상 누구의 희생도 아픔도 보질 못하겠으며 조합원들의 힘든 모습도 보지 못하겠기에 절 바칩니다. 저 하나로 인해 지회의 승리를 기원합니다. 저의 시신을 찾게 되면 우리 지회가 승리할 때까지 안치해 주십시오. 지회가 승리하는 그날 화장하여 이곳에 뿌려 주세요. 마지막으로 저희 ○○○ 조합원의 아버지가 아직 병원에 계십니다. 병원비가 산더미처럼 쌓여 있습니다. 협상이 완료되면 꼭 병원비 마련 부탁드립니다. 저는 언제나 여러분 곁에 있겠습니다. 승리의 그날까지 투쟁! 양산분회 분회장 염호석."

고 염호석은 노조 활동을 했다는 이유로 수리 일감을 뺏겨 자살 당시 한 달 소득이 41만 원이었습니다. 노조원들이 분회장의 자살에 자극받아 노동조합을 중심으로 단결할까 봐 삼성은 유족에게 거액의 돈을 건네며 서둘러 '가족장'으로 장례를 치르라고 종용했습니다.

삼성이 고인의 아버지로부터 가족장 약속을 받아 내자 경찰은 곧장 빈소가 차려진 장례식장에 몰려가 조합원들의 항의도

ㄷ

아랑곳없이 시신을 빼돌렸습니다.

한국을 대표하는 브랜드에서 일어난 야만이라고는 도저히 믿기 어려운 일들이었습니다. 그럼에도 삼성으로부터 각각 연간 수백억 원의 광고를 받는 언론사들은 짐짓 모르쇠를 놓거나 축소 보도했습니다.

결국 두 사람이 목숨을 던졌음에도 6년이 더 지나서야 법의 심판을 받았지요. 그나마 노동조합은 물론 사회 운동 단체들이 곰비임비 힘을 모아간 결과입니다.

그럼에도 언론은 여전히 '무노조 경영'을 해온 삼성을 두남둡니다. 노조 와해 공작에 마침내 이재용까지 사과하고 새로운 경영을 약속한 다음날 조선일보는 '이재용 부회장의 사과' 제하의 사설에서 '무노조 경영'을 끝까지 옹호했습니다.

"삼성과 이 부회장에게도 많은 문제가 있겠지만 기업인들을 이렇게 몰고 가는 한국의 정치와 제왕적 대통령제에는 아무런 문제가 없나"라고 물은 뒤 다음과 같이 개탄합니다.

이 부회장은 '무노조 경영'을 포기하겠다고 거듭 밝혔다. 노조 설립의 자유는 법에 보장돼 있다. 그러나 합리적 대화보다 투쟁과 폭력이 앞서는 한국적 노동 현실에서 만에 하나 삼성마저 노조로 인해 세계적 경쟁력을 잃게 되면 그 책임은 누가 지나.

대안과 소통

사설은 삼성을 대변하는 교수나 기자들이 언제나 그랬듯이 "삼성의 미래는 한국 경제의 미래나 다름없다"며 한국 수출의 20%를 차지하고 매년 10조 원 이상의 법인세를 내고 있다는 사실을 강조합니다. 조선일보에게 삼성의 책임은 "첨단 기술 개발을 선도하고, 더 수출하고, 더 많은 이익을 내 그것으로 더 많은 세금을 내 국민과 사회에 이바지하는 것"입니다.

어쩌자는 걸까요. 삼성이 첨단 기술 개발을 선도하고 수출을 많이 하니 무노조 경영 방침을 고수해 반도체 노동인들처럼 젊은 나이에 죽음을 맞거나 노동조합 설립에 나섰다가 납치를 당해도 괜찮다는 걸까요? 한국에서 발행 부수가 가장 많은 신문이 대놓고 '무노조 경영'을 해온 삼성을 두남둘 수 있는 것은 우리 사회에 수출 대기업 중심의 경제 체제 외에 다른 대안이 없다는 '티나(Tina, There is no alternative)식 사고'가 폭넓게 퍼져 있어서입니다.

미국식 자본주의의 한계

대안이 없다는 '티나'는 실존했던 공산주의 체제가 무너지면서 다른 선택 가능성이 없다는 주장인데요. 대안 부재론은 곧장

ㄷ

신자유주의 옹호로 이어집니다. 한국에서 티나식 사고를 퍼트리는 주체 또한 전경련·경총·상공회의소와 그들을 대변해 온 언론사의 기자들, 그들의 논리를 제공해 온 교수들입니다.

더러는 '신자유주의(neoliberalism)'라는 말이 어렵다고 생각하지만 그렇게 여기고 넘길 문제가 결코 아닙니다. 기업에 대한 규제와 법인세를 대폭 줄이고, 외국 투자자들에게 국내 시장을 모두 개방하며, 공기업을 '민영화'하고, 작은 정부를 구현하며, 노동 시장을 유연화해야 한다는 기사와 사설을 누구나 한 번쯤 읽었을 터입니다. 아니, 그냥 읽었던 게 아니라 그런 주장들의 뒤에는 언제나 '글로벌 스탠더드' 또는 '세계화'라는 말이 이어졌지요.

바로 그 자본에 대한 탈규제와 법인세 감세, 초국적 기업들에 시장 전면 개방, 민영화라는 이름의 사영화, 노동 시장 유연화라는 미명 아래 비정규직과 해고의 일상화 그 다섯 가지가 신자유주의의 특성입니다. 대다수 신문과 방송에서 글로벌 스탠더드는 곧 세계화이고, 세계화의 핵심은 신자유주의였지요. 언론은 우리의 일상적 삶에 깊숙이 영향을 끼쳐 왔고, 인터넷이 퍼져 있는 지금도 그렇습니다. 우리 삶의 현장에서도 '신자유주의=세계화=글로벌 스탠더드'가 통용되고 있거든요.

신자유주의는 전후 자본주의를 이끌어온 미국 중심의 세계 시장에 경쟁이 치열해지면서 등장했습니다. 전쟁으로 생산 시설이 거의 파괴되었던 독일과 프랑스를 비롯한 유럽과 일본이 세계 시장에서 다시 경쟁력을 확보하자 미국과 영국 자본의 이윤율이 점점 낮아져 갔습니다.

그러자 미국과 영국에서 복지 정책이 '경제 침체'를 불러왔다는 담론이 나타났지요. 신자유주의자들은 시장과 자본의 논리에 국가가 인위적으로 개입해 온 탓에 경제적 위기—실은 자본의 이윤율 하락—를 맞았다고 주장하며 모든 걸 '자유 시장'에 맡기자고 목소리 높였습니다.

1980년대 들어서자마자 영국 대처 정부와 미국 레이건 정부가 경제 위기를 명분으로 대대적으로 퍼트린 이데올로기가 신자유주의입니다. 모든 걸 자본의 자유, 시장의 자유에 맡겨야 경제가 살아난다고 주장했지요.

미국 재무부와 국제통화기금, 세계은행은 한 나라가 외환 위기를 맞으면 기다렸다는 듯이 그것을 기회로 자본 시장 자유화, 외환 시장 개방, 관세 인하, 국가 기간산업 민영화, 외국 자본의 국내 우량 기업 합병·매수 허용, 정부 규제 축소를 강제했습니다. 미국 재무부와 국제통화기금, 세계은행 건물은 워싱턴디시의 백악관 주변에 몰려 있는데요. 1990년 미국식 시장 경제 체제의 확산 전략을 '워싱턴 컨센서스(Washington Consensus)'라고 합니다.

ㄷ

대한민국에서 신자유주의의 기점을 언제로 설정할 것인가는 학자에 따라 다른데요. 더러는 전두환 정부가 '공급 중심의 경제'를 적극 강조한 1980년대 초반까지 거슬러 올라가지요. 하지만 아무래도 '신자유주의 시대'라 규정할 시점은 국제통화기금(IMF)의 구제 금융을 받은 1997년 이후로 보는 게 타당합니다. 그 이후 한국 사회는 앞서 말한 다섯 가지 특성이 고스란히 현실로 구현되어왔습니다.

그 결과입니다. 생전의 김수환 추기경마저 대통령에게 해결을 당부할 만큼 '사회 양극화'가 심해졌지요. 더 엄밀하게 말한다면 50 대 50의 양극화도 아닙니다. 상위 20%와 나머지 80% 사이에 빈부 차이가 점점 커져 가는 20 대 80의 사회입니다.

그럼에도 대다수 사회 구성원들은 비정규직 비율이 가파르게 상승하고 부익부 빈익빈 심화 현상이 신자유주의에서 비롯되었다는 정보나 지식에 어둡지요. 언론이 민중의 '알 권리'를 충족시켜오지 못했기 때문입니다. 그 결과, 대다수 사회 구성원들이 신자유주의를 '글로벌 스탠더드'로 인식하며 거스를 수 없는 '대세'로 받아들이고 순응해 왔습니다.

하지만 2008년 9월에 '종주국'인 미국의 금융 위기로 신자유주의는 명백한 한계를 드러냈습니다. 우리 사회 일각에서도 신자유주의는 이제 시기가 지난 담론이라고 주장했습니다.

과연 그럴까요. 아닙니다. 신자유주의는 한국 사회에서 지금도 엄연한 현실입니다. 미국의 금융 위기가 현실로 나타났을 때 이미 중앙일보 논설위원은 "미국식 자본주의가 끝났다고?" 제하에 다음과 같이 묻습니다(중앙일보, 김종수 시시각각, 2008년 9월 24일)

미국식 자본주의가 끝장났다고 한다. 30년 신자유주의가 종언을 고했다고도 한다. (…) 자본주의 시장 경제는 그동안 숱한 우여곡절과 위기를 겪으며 발전해 왔다. 사회주의는 실패와 동시에 몰락했지만 자본주의는 실패를 극복하면서 진화해 왔다. **이번 사태를 겪으며 미국 자본주의도 새롭게 진화할 것이다. 미국에 금융 위기가 왔다고 세상이 끝난 것처럼 호들갑 떨 일도 아니고, 미국식 자본주의의 강점을 무작정 내팽개칠 일도 아니다.**

그로부터 실제로 10년이 지난 '미국식 자본주의'가 '진화'한 모습을 볼까요. 트럼프 정부의 기후 온난화 부정과 파리 협약 탈퇴, 전방위 보복 관세에서 나타나듯이 미국 자본의 이익만 우선시하는 일방적 횡포로 나타났습니다.

신자유주의자들이 자신들의 생각을 현실에 구현할 때 늘 애용하는 전략이 경쟁과 '시장 만능'이었지요. 자본주의 경제 사회

ㄷ

의 병리적 현상을 치유할 불가사의한 힘으로 '시장'을 상정하는 데요. 시장 만능주의이기에 작은 정부를 추구한다거나 정치 개입을 혐오한다는 통념은 사실과 다르다는 사실을 새삼 확인해 주었습니다.

기실 신자유주의 담론은 처음부터 자본에 대해서는 '작은 정부'이지만, 노동인들에 대해서는 언제나 강제하고 탄압하는 '크고 힘센 정부'였습니다. 시장을 열지 않는 나라들에 대해서는 거짓 명분까지 내세워 침략도 서슴지 않았지요.

뉴욕타임스의 보수적 칼럼니스트 토머스 프리드먼조차 "시장의 보이지 않는 손은 보이지 않는 주먹 없이는 제구실을 하지 못한다"고 꼬집었을 정도입니다. 맥도날드는 맥도넬 더글러스—팬텀기를 제조하는 미국의 대표적인 방위 산업체— 없이는 번성할 수 없으며, 실리콘 밸리의 기술이 번창하도록 세계를 안전하게 유지해 주는 '보이지 않는 주먹'은 미합중국 육군, 공군, 해병대라는 주장입니다. 미국은 석유 자원을 확보하기 위해 거침없이 이라크를 침략해 후세인 정부를 전복했지요. 세계무역센터(WTC)가 들어 있던 미국 뉴욕의 쌍둥이 빌딩을 파괴한 알카에다와 이라크는 아무런 관련이 없는데도 거짓 정보를 조직적으로 흘려 침략했습니다.

신자유주의를 비판하는 연구자들은 신자유주의에서 '자유'란 보편적 개인의 자유가 아니라 특정 계급의 자유일 뿐이라고 분석합니다. 신자유주의가 진행된 1980년대 이후 부자들은 미국 역사상 가장 많은 돈을 챙겨 상위 20%와 하위 20% 소득 차이가 급속도로 벌어졌습니다.

가령 1970년대 말부터 시작된 미국의 양극화 현상은 미국의 유력 신문들이 공공연하게 '두 개의 미국'을 거론할 정도로 커졌습니다. 보수적 시사 주간지 타임의 보도(2008년 5월 26일)조차 2002~2006년 미국 소득 증가분의 75%가 최고 1% 부자들의 손에 들어갔다는 점을 우려할 정도였습니다. 신자유주의는 가장 냉혹한 자본주의 논리를 '복권'시킨 것이지요.

1997년 한국의 외환 위기 때 구제 금융의 조건으로 IMF가 제시한 구조 조정 프로그램인 '탈규제, 개방화, 민영화, 정리 해고 도입'은 신자유주의 체제의 기본 뼈대입니다. 구제 금융을 받은 나라의 자본 시장과 무역 시장을 철저히 '자유화'하지요. 한국에 비정규직 노동인의 비율이 가파르게 올라가고 해고된 노동인들의 자살이 급증한 결정적 계기가 바로 IMF의 구제 금융 사태입니다.

ㄷ

대안은 있다

구제 금융을 받던 1998년 9월 한국에서 열린 '서울국제민중회의' 참가자들은 선언문을 통해 신자유주의의 개념을 명확하게 정의했습니다. 신자유주의는 "자본과 초국적 기업의 부와 권력을 극대화하는 것을 목표로 하는 파괴적이고 살인적인 전략"으로, 민중을 단지 생산과 소비의 한 요소로 전락시키는 과정에서 개인, 계급, 국가와 지역 사이의 분열을 불러왔습니다.

서울국제민중회의의 선언문이 여론 시장을 독과점한 신문들의 외면을 받은 것은 물론입니다. 국민 대다수인 민중의 알 권리가 원천적으로 침해당한 또 다른 사례입니다. 언론은 '기업이 살아야 경제가 산다'는 단순하면서도 낡은 틀을 경제 문제 전반에 들이대고, 분배보다 성장을 강조하며, 무한 경쟁의 시장 원리를 사회 전반에 확대 적용할 것을 주문해 왔습니다.

언론이 경제 쟁점에 대해 일방적이고 단편적인 정보만 부각해 신자유주의에 대한 개념적 인식을 저해함으로써 국민 대다수가 신자유주의 문제점을 총체적으로 파악하지 못할 때, 그것을 넘어서는 정책이나 실천이 구현될 가능성은 사실상 사라집니다. 신자유주의와 다른 경제 체제와 정책이 얼마든지 가능하다는 사실을 알려주지 않고, 신자유주의만이 '글로벌 스탠더드'

로서 선진국으로 가는 유일한 길임을 지속적으로 여론화하기 때문입니다.

세계적으로 신자유주의가 퇴조하고 있음에도, 한국 사회에선 언론의 엄호 아래 그 체제가 지배적 정치 경제 체제로 국민 대다수의 삶, 바로 민중의 삶을 흔들고 있습니다. 촛불 혁명으로 들어선 문재인 정부가 내세운 '소득 주도 성장'에도 집요하게 흠집을 내며 낡은 경제 체제 유지에 나섰지요.

깔끔히 정리하고 가죠. 한국 사회의 지배적 담론이 된 신자유주의에서 '자유'란 보편적 개인의 자유가 아닙니다. 실질적으로 자본의 자유를 의미합니다. '기업 하기 좋은 나라'라든가 경제 활동에 '규제 완화'와 같은 주장들이 그것입니다. 그 담론에서 노동인들의 자유는 해고될 자유, 비정규직이 될 자유이지요.

대한민국 국민이 시장과 불평등 사이에 연결고리를 찾기란 쉬운 일이 아닙니다. 시장을 '유일신'으로 섬기는 사람들이 여전히 정치, 경제, 사회와 언론 곳곳에 의사 결정권자로 포진해 있기 때문입니다. 그들은 시장 경제를 대한민국 국가 정체성의 '바이블'로 삼아 왔습니다. 사회 복지나 조세 정의를 제안하는 정치 세력이 등장할라치면 '반시장주의'라거나 '운동권적 사고' 따위의 비난이 신문과 방송을 통해 화살처럼 쏟아졌지요.

대다수 한국 언론은 '미국식 체제'와의 '친화'가 세계의 큰 흐

ㄷ

름임을 부각해 왔습니다. 그들에게 전경련·경총·상공회의소는 돈을 주는 광고주이기도 합니다. 그들은 자신들의 이해관계에 맞는 신자유주의같 '글로벌 스탠더드'임을 여태 퍼트리고 있습니다.

'시장 유일신'의 논리는 2020년대에도 내내 자본을 대변할 언론인들과 그 신문에 기고하고 방송에 출연하는 교수들의 주장으로 '권위'의 옷을 입고 활개칠 터입니다. 그들은 경제를 전문가의 영역으로 특화하며 경제만은 정치 논리가 개입해서는 안 된다고 앞으로도 주장하겠지요. 그 시장 유일신의 논리는 이미 오랜 세월에 걸쳐 신문과 방송을 타고 국민 대다수의 머리에 의심의 여지없는 '진리'로 자리 잡고 있습니다.

그 결과가 아닐까요. 새내기 노동인들의 목숨과도 직결되는 '산재 사망률 1위'를 벗어나려면 재해가 일어난 일터의 기업인에게 엄중한 책임을 물어 처벌하는 법을 국회에서 입법해야 하는데 유권자의 절대다수인 노동인들이 투표한 결과인 한국 국회는 내내 모르쇠해 왔습니다.

하지만 단언하거니와 경제에 정치가 개입해선 안 된다는 논리는 옳지 않을뿐더러 현실과도 맞지 않습니다. 모든 걸 시장에 맡기는 신자유주의 선택 외에 다른 대안은 없다는 말들 또한 누군가의 이익을 위한 새빨간 거짓말입니다.

대안과 소통

2

자본주의와
민주주의

다른 세계가 정말 가능한가요? 우리가 살고 있는 정치 경제 체제와 다른 경제 체제가 지속 가능한 발전을 할 수 있을까요? 솔직히 궁금한 분들이 많을 성싶습니다. 저의 대답은 선명합니다. 단연 "더 나은 사회는 얼마든지 가능하다"입니다.

"불평등을 생산하는 기계 장치"

자본의 신자유주의에 저항하는 세계 민중 진영의 국제회의가 있습니다. 세계사회포럼(WSF, World Social Forum)이지요. 그 포럼의 슬로건이 바로 '다른 세상은 가능하다(Another World is Possible)'입니다.

두루 알다시피 WSF는 신자유주의를 수호하는 세계 자본 진영의 '다보스 포럼(세계경제포럼)'을 반대하며 민중 중심의 대안을 모색하고 국제 연대를 위한 국제 포럼의 장이지요. 21세기가 출범한 2001년 1월에 처음 열렸습니다. 세계화에 반대하는 정치인, 시민운동가, 노동 운동가, 학자들이 참가해 개발 도상국의 부채 탕감, 아동 학대 금지, 여성 운동 활성화, 인종주의 청산, 유전자 변형 식품 금지, 민주주의 개혁, 국제 투기 자본 규제를 논의했지요.

세계사회포럼의 선언에 어쩐지 믿음이 가지 않는다면, 세계은행 수석 부총재를 역임했고 노벨 경제학상을 받은 미국 경제학자 스티글리츠(Joseph E. Stiglitz)의 말에 귀를 기울여 볼까요. 스티글리츠는 역작 『불평등의 대가』에서 다음과 같이 명토박습니다.

"시장은 진공 상태에 놓여 있는 것이 아니다. 시장은 정치의

대안과 소통

207

영향을 받는다. 그런데 정치는 대개 상위 계층에게 혜택을 주는 방향으로 시장에 영향을 끼친다."

거기서 그치지 않지요. 시장은 "불평등을 생산하는 기계 장치"라고 단언합니다. 한국의 주류 경제학자들에게 스티글리츠는 매우 불편한 사람입니다. 그가 좌파 경제학자가 아니기에 '종북좌파'로 몰아세울 수도 없으니까요.

흔히 시장 유일신의 '사제'들이 자나깨나 시장을 유일신처럼 옹호하며 전가의 보도처럼 '효율성'을 내세우지만, 스티글리츠는 그 논리가 얼마나 케케묵은 이데올로기에 지나지 않는가를 파헤칩니다. 이를테면 기업들은 경제가 어려워지면 효율성을 내세워 인력을 마구 감축하고, 인력 감축을 통해 생산성을 높였노라고 자랑스럽게 내세우는데요. 그로 인해 일자리를 잃은 노동인들이 늘어나면 결국 기업들이 생산하는 제품을 소비하는 소비자가 줄어들고 기업은 다시 경영이 어려워지게 마련이며, 인력을 또 줄이는 정책을 펼치면서 실업률이 높아지는 악순환을 이룹니다.

스티글리츠의 장점은 경제학자답게 통계를 '증거'로 탄탄하게 논리를 전개하는 데 있습니다. 신자유주의가 도입되던 시점인 1980년에 미국의 상위 1%는 국민 소득의 12%를 차지했습니다. 물론, 그것만으로도 불평등이 분명합니다. 그런데 2010년대

ㄷ

에 접어들며 그 비율은 두 배로 껑충 뛰어 25%로 늘었지요. 30년 동안 하위 90%의 임금은 15% 늘어났지만, 상위 1%는 150% 늘었고, 상위 0.1%는 300% 증가했습니다.

미국이 레이건 정부 이후 줄곧 신자유주의 정책을 편 결과이죠. 우리는 여기서 불평등은 우연히 나타난 현상이 아니라 만들어진 것임을 확인할 수 있습니다. 스티글리츠는 에둘러 표현하지 않습니다. 불평등은 "정치 시스템 실패의 원인이자 결과"라고 단언합니다. 지금 이 순간 존재하는 사회 경제적 불평등은 정부의 정책, 곧 정부가 한 일과 정부가 하지 않은 일의 결과라는 거죠.

기실 무엇이 공정한 경쟁이고 무엇이 불법적 행위인지를 결정하는 일, 조세 제도와 사회 복지 지출을 통해 소득을 재분배할 수 있는 일, 기업을 통제하는 법률로 경영진의 규범과 수익 분배 방식을 결정하는 일, 거시 경제 정책으로 실업 수준과 노동인들에게 분배될 몫을 결정하는 데 영향을 끼칠 수 있는 일 모두 정치적 선택의 문제입니다.

스티글리츠의 저서가 국내에 소개되고 번역되어 제법 읽혀지고 있는 지금 이 순간도 대한민국에선 시장의 '보이지 않는 손'을 맹신하거나 경제에 정치 논리가 개입해서는 안 된다는 '괴담'들이 '진리의 옷'을 입고 있습니다.

왜 그럴까요? 미국의 상위 계층이 공공 부문에 대한 정부 지출의 증대에 부정적인 이유로 스티글리츠가 분석한 두 가지는 시사적입니다.

첫째, 부유층은 정부 도움이 없어도 스스로 건강, 교육을 비롯한 필요한 영역에 최고의 서비스를 받을 수 있습니다. 한마디로 말하면 시장을 그대로 두어도 아쉬울 게 전혀 없다는 거죠.

둘째, 민중에게 공공 서비스를 비롯한 복지 정책을 추진하면 부유층의 소득에 높은 세율을 적용해 소득 재분배 정책을 실시할 수밖에 없어 결국 자기 소득이 줄어들 뿐만 아니라, 현재 누리고 있는 부의 일부를 빼앗길 수 있다는 불안감 때문입니다.

스티글리츠는 미국이 더는 '기회의 땅'이 아니라고 비판합니다. 가진 것 하나 없는 사람도 성실하게 노력하면 성공하고 부자가 될 수 있는 이른바 '아메리칸 드림'이 더는 가능하지 않다는 거죠.

일찍이 링컨은 "민중의, 민중에 의한, 민중을 위한" 나라를 선언했습니다. 스티글리츠는 미국이 "1%의, 1%에 의한, 1%를 위한" 나라가 되었다고 질타합니다.

문제는 미국 상위 계층만의 탐욕으로 그치지 않습니다. 2008년 세계적 금융 위기 이후에도 시장을 유일신으로 모시는 한국의 윤똑똑이들은 한술 더 떠왔습니다. 기득권을 이용하여 국민

ㄷ

대다수인 민중의 신념과 정책에 영향을 끼침으로써 생게망게한 이야기—'경제에 정치 논리가 개입해서는 안 된다'에서 '규제는 암 덩어리'까지 괴담 수준의 부르대기—가 '과학적 진리'로 퍼져 왔습니다.

스티글리츠는 자본주의 체제에서 개혁의 가능성을 믿으며 대안을 제시합니다. 그에 따르면 미국은 "형평성이 훼손되어 있기는 하나 민주주의를 근간으로 하는 국가"입니다. 민주주의 국가가 평등성을 강화하는 방향으로 시장의 힘을 재조정하는 경로를 두 가지로 제시합니다.

첫째, 하위 99%가 자신들이 상위 1%의 농간에 놀아나고 있으며, 상위 1%에게 이로운 것은 자신들에게 이로운 것이 아님을 깨달아 가는 길입니다. 물론, 상위 1%는 가만히 손놓고 있지 않지요. 그들은 99%에게 또 다른 세계를 만드는 것은 불가능하며, 상위 1%가 원치 않는 일을 하면 99%가 반드시 피해를 본다는 논리를 퍼트리기 위해 몹시 부지런을 떨고 있습니다. 스티글리츠는 그 '신화'에서 벗어나야 우리가 더 역동적이고 효율적인 경제와 더 공정한 사회를 가질 수 있음을 논증했습니다.

둘째, 상위 1%가 미국에서 펼쳐 온 일들은 미국인들의 가치에 부합하지 않을 뿐 아니라 자신의 이익에도 부합하지 않는다는 사실을 깨닫는 길입니다.

어떤가요. 과연 상위 1%가 스티글리츠의 기대처럼 깨달을 수 있을까요. 그럼에도 신자유주의 체제와 달리 더 역동적이고 효율적인 경제와 더 공정한 사회가 가능하다는 주장에 귀 기울여야 하겠지요.

물론 대안의 가능성을 스티글리츠만 주장한 것은 아닙니다. 미국에 유학을 다녀와서 한국 대학에 경제학 교수로 자리 잡은 사람들과 경제 관료들 두루 '미국'이나 '노벨 경제학상'에 사대적인 권위를 부여하고 있기에 인용했을 뿐입니다.

노동조합이 필요하다는 독일 보수 정당

다른 세상이 가능하다는 논리는 '자본주의 다양성(VOC, Varieties of Capitalism) 이론'에서 명쾌하게 찾을 수 있습니다. 자본주의 다양성 이론은 1980년대 미국의 레이건 정부와 영국의 대처 정부가 자본의 자유를 절대화하며 퍼뜨린 신자유주의 체제가 자본주의의 특수한 형태에 지나지 않는다고 분석합니다. 얼마든지 다른 자본주의가 있다는 주장입니다. 자본주의는 고정불변의 실체가 아니기에 하나의 단일한 체제로 이해할 수 없다는 거지요.

ㄷ

자본주의 다양성 이론은 신자유주의적 경쟁 체제, 미국식 정치 경제 체제가 전형적인 자본주의 모델이거나 선진국으로 가는 '유일한 모델'로 암묵적이든 명시적이든 소통되고 있는 한국 사회에서 큰 의미를 지닙니다.

홀(Hall)과 소스키스(Soskice)가 선진 자본주의 국가의 유형과 특징을 설명하는 이론으로 제시한 '보캡(VOCap)' 이론에는 보수나 진보의 특정 이데올로기가 스며들어 있지도 않습니다.

홀과 소스키스가 처음 제안한 이후 경제 체제의 다양성을 접근하는 이론적 갈래는 다채롭게 전개되었지요. 가장 많이 알려진 것은 '주주 자본주의'와 '이해관계자 자본주의' 구분법입니다.

이해관계자 자본주의는 시장의 사회적 책임을 강조하고 자본에 대한 견제 장치를 제도화합니다.

자본주의 다양성과 관련해 여러 분류가 있지만, 간명하게 '자유 시장 경제(liberal market economy)'와 '사회적 시장 경제(social market economy)'로 정리할 수 있습니다. 자유 시장 경제는 신자유주의를 지구촌으로 퍼트린 미국과 영국 자본주의가 대표합니다.

미국과 영국을 중심으로 신자유주의가 세계적으로 확산될 때도 사회적 시장 경제는 자신들의 틀을 방어하고 유지했습니다. 사회적 시장 경제는 독일(네덜란드·벨기에·오스트리아·스위스) 모델과 스웨덴(노르웨이·핀란드·덴마크) 모델로 나눠집니다.

한국의 개혁적 경제학자인 이정우는 자유 시장 경제(주주 자본주의)와 사회적 시장 경제(이해관계자 자본주의 또는 참여 자본주의)를 "약육강식 승자독식의 자본주의"와 "약자들이 자기 목소리를 내면서 강자들을 견제하는 체제"로 풀이했습니다.

소련과 동유럽 공산주의 체제 붕괴 이후 자본주의가 신자유주의적 세계화로 단일화하고 있다고 믿는 한국 언론계와 학계의 지배적 시각은 사실과 다릅니다. 자유 시장 경제가 신자유주의적으로 치닫던 시기에, 사회적 시장 경제는 '탈규제 유행'과 달리 자국 제도의 안정성과 비교우위성을 높여갔습니다.

따라서 우리의 미래나 지속 가능한 발전을 논의할 때 의도적이든 아니든 미국식 모델을 유일한 선진 경제 체제로 전제하는 패러다임에서 벗어나야 옳지요. 자본주의 다양성은 이론적인 인식보다 실제 삶의 모습으로 체감할 수 있습니다.

미국의 유망한 변호사 게이건이 독일에서 일하며 충격을 받은 대목부터 짚어볼까요. "복지 제도를 제대로 관리해 나가려면 노동조합이 반드시 필요하다"는 말을 보수 정당인 기민당(기독교민주당) 관계자가 버젓이 강조하는 모습에서 미국 변호사는 독일과 미국의 자본주의 차이를 실감했습니다.

노동인들이 기업 경영에 직접 참여하는 독일 자본주의는 "노

ㄷ

동인이 노동조합에 가입하는 게 사회의 시스템이 엉망이 되는 것을 막는 가장 쉬운 길이라고 인식"을 보수든 진보든 공유하고 있습니다. 노사 공동 결정 제도의 속살을 잠깐 들여다볼까요.

게이건은 노사 공동 결정 제도가 뿌리내린 독일 자본주의와 미국 자본주의를 비교한 책 『미국에서 태어난 게 잘못이야』에서 규모는 작지만 떠오르는 글로벌 은행에서 일어난 실화를 소개합니다. 그 은행 이사회에 정원사가 노동인 이사로 선출되었는데요. 은행, 특히 글로벌 은행에서는 보통 영어를 사용하는데 그 사람은 영어를 못했답니다. 논의 끝에 글로벌 은행임에도 결국 이사회 회의에서는 모두 독일어를 사용하기로 결정했습니다. 어떤 내용이 논의되는지 노동인 이사가 알아야 해서 그렇게 했답니다. 정원사를 이사로 앉혀 영리하고 똑똑한 경영자 쪽 이사가 그에게 천천히, 물론 독일어로 설명합니다.

북유럽 복지 국가로 눈을 돌리면 자본주의 다양성의 의미를 더 실감할 수 있습니다. 복지국가소사이어티의 이상이 공동 대표는 '보편적 청년 고용·복지 정책'을 마련해야 한다고 주장하며 그 선진 사례로 스웨덴을 들었는데요. 2020년 현재 스웨덴은 대학 입학 청년에게 무상 등록금에 더해 월 50만 원의 학생 수당과 월 90만 원의 학생 대출(졸업 후 25년 내 상환)을 제공합니다. 졸업 후 취업을 원할 경우에 누구나 '전 국민 고용 안정망'의 지원을 받습니다. 취업할 때까지 직업 훈련·취업 알선과 함께 수당을 받고, 취업 후 실직하면 고용 보험의 실업 급여를 받는 거죠.

어떠세요? 세계적으로 비싼 대학 등록금과 아르바이트로 허덕이던 새내기 노동인들에게 스웨덴의 청년 고용·복지 정책은 꿈결처럼 다가올 겁니다.

독일과 스웨덴의 실제 삶을 소개했지만 대학까지 등록금이 없고 병원비가 무료이고 실업자가 되어도 평균 임금의 70~80% 보장을 받는 자본주의 사회와 한국 자본주의 사회를 동일한 사회라고 볼 수는 없겠지요. 자본주의 다양성 이론이 의미 있는 이유입니다.

세계환경개발위원회(WCED)가 '우리 공동의 미래(Our Common Future)'를 통해 밝힌 지속 가능한 발전의 정의는 "미래 세대가 그들의 욕구를 충족할 수 있는 기반을 저해하지 않는 범위 내에서 현세대의 요구를 충족시키는 발전"입니다. 2015년 유엔 총회가 지구적 공동 추진 목표로 '지속 가능한 발전'을 제시하며 내건 슬로건은 '단 한 사람도 소외되지 않는 발전(Leave no one behind)'이었지요. 사회적 시장 경제의 길과 자유 시장 경제 가운데 무엇이 지속 가능한 발전의 글로벌 스탠더드 개념에 더 가까운가는 굳이 어려운 판단을 필요로 하지 않습니다.

우리가 살고 있는 사회가 자본주의 체제임을 인식하지 못하는 일 못지않게 자본주의의 다양성을 외면해서는 현실을 똑바로 볼 수 없습니다.

4차 산업 혁명도 마찬가지입니다. 디지털 혁명의 예찬론과 비관론에도 양쪽을 다 살피는 지혜가 필요합니다. 예찬론과 비관론 모두 자본주의가 지배하고 있는 사회생활을 평가 절하하고 있기에 더욱 그렇습니다. 두 진영 모두 대부분의 인터넷 관련 연구와 저작들이 그렇듯이 자본주의가 우리 삶의 현실임은 물론, 우리 사회의 정치를 비롯해 거의 모든 걸 규정하고 있다는 명백한 진실을 외면합니다.

'기술 낭만주의' 기대와 달리 현실에서 인공 지능은 새로운 기회 구조를 이용한 자원과 동기가 부족한 국가·집단·개인에게 오히려 불평등을 심화시킬 가능성을 높이고 있습니다. 부익부 빈익빈의 구조적 문제를 해결하지 않은 채 미국식 자본주의가 세계 경제를 주도해 간다면 자칫 최악의 사회 구성체를 형성할 수 있습니다. 문화를 연구해 온 심광현은 기존의 자본주의 생산양식을 하부 구조로 "4차 산업 혁명 과정으로부터 퇴출당한 노동력을 육체적·정신적으로 통제하기 위한 '로봇+가상 현실 시스템'으로 구성한 기괴한 상부 구조"가 결합하는 사회 구성체를 우려합니다.

물론 다른 길도 전망할 수 있습니다. 인공 지능이나 빅데이터가 모든 사람들이 생산한 정보를 사실상 공유하며 활용하는 것인 만큼, 그에 걸맞게 4차 산업 혁명의 생산 수단 전반을 사적 소유로부터 해방시켜 사회화한다면 미래는 사뭇 달라질 수 있습니다. "노동력과 자연력 모두 상품 형식에서 벗어나 인공 지능과 인간 활동 및 인간과 자연의 신진대사 흐름 전반을 선순환하는 형태"로 사회화된 생산력과 민주적인 상부 구조가 결합한 새로운 사회 구성체가 그것입니다.

4차 산업 혁명을 맞은 자본주의 사회의 두 갈래 전망은 자본주의 다양성 이론에서 자유 시장 경제의 길과 사회적 시장 경제의 길과 맞물려 있습니다.

민주 경제론의 미래

우리가 살고 있는 한국 자본주의는 헌법으로 보면 119조와 23조에서 볼 수 있듯이 유럽형의 사회적 시장 경제에 가깝습니다. 하지만 실제 현실로 보면 영미형 자유 시장 경제의 극단적 형태입니다.

한국 경제는 OECD 국가들과 견주면 뚜렷하게 낮은 공공 사회 복지비, 높은 부패 지수, 낮은 정부 신뢰도, 사회 구성원들 사

ㄷ

이의 낮은 신뢰도, 낮은 노조 조직률의 특징을 지니고 있습니다. 그 결과, 노동 시간은 가장 길고, 삶의 만족도는 낮고, 산재 사망률과 자살률은 1위이지요.

심지어 한국 경제의 성격을 '자살 친화적 성장'으로 규정하는 연구자들도 있습니다. 1인당 GDP가 올라가면 자살률 하락이 보편적 현상이지만 한국은 두 지표가 나란히 상승해 왔습니다.

여기서 자연스럽게 던져야 할 물음이 떠오르죠. 자살 친화적 성장 경제인 한국 자본주의와 가장 대조적인 북유럽 모델은 그렇다면 어떻게 가능했을까요?

학계에선 가장 큰 동력으로 '노·사·정 협치'를 꼽습니다. 스웨덴을 비롯한 북유럽형 경제 모델만이 아니라 독일을 비롯한 대륙형 경제 모델도 근간에는 노동인과 사용자(자본가), 정치권 사이의 협치가 자리 잡고 있다는 것입니다.

협치(governance)는 기업의 글로벌 스탠더드에서 이미 살펴보았듯이 통치(government)와 대비되는 개념입니다. 상명하달식의 통치가 아니라 민주적이고 참여적인 의사 결정 과정을 뜻한다는 점에서 '공치'로 번역할 수도 있습니다.

다만 유의할 지점이 있습니다. '거버넌스'가 자칫 권력을 '민간'이라는 이름으로 기업과 나누는 '신자유주의적 시장화 경향'으로 흐를 위험성이 그것이지요. 그 말을 쓰는 정치권력이 자신의 무능에 대해 책임을 떠넘기려는 불순한 의도가 깔려 있을 가능성도 짚어야 합니다.

그럼 북유럽 모델은 '노·사·정 협치'를 어떻게 만들어 냈을까요. 무엇보다 노동인들이 뭉쳐야 합니다. 기업 경영에 노사 공동 결정제를 구현하고 정치에서 노동인들에 기반을 둔 정당이 집권까지 할 수 있을 정도로 강할 때 비로소 기업인들이 협치에 동의합니다.

하지만 한국 경제는 노사 공동 결정 제도는 물론, 노동인들에 기반한 정당이 국회 교섭 단체 의석(20석)조차 가진 경험이 없습니다. 바로 그렇기에 '자살 친화적 경제'가 지금도 사뭇 자연스럽게 굴러가고 있습니다.

노동인들의 힘이 강할 때, 경제 모델은 얼마든지 달라질 수 있습니다. 노동인들 다수가 자신이 노동인이라는 정체성을 온전히 지니고 힘을 모아 경제 모델을 바꾸려고 나선다면 새로운 모델은 충분히 가능합니다,

경제 민주화가 구현된 경제의 모습은 '민주 경제'로 개념화할 수 있습니다. 민주 경제론의 뼈대는 '노동 주권'입니다. 노동 주권은 노동인의 자기실현 권리와 경영 참가, 나아가 직접 경영이 이뤄지는 경제 모델입니다. 요컨대 '민중의 자기 통치'라는 민주주의 철학에 근거한 민주 경제는 '민중이 주체가 된 경제'를 의

ㄷ

미하며 일터 현장의 노동인들이 지닌 풍부한 잠재력과 창조력을 경제 발전의 동력으로 삼는 경제 체제입니다.

경제 민주화로 민주 경제를 뿌리내리려면 노동인의 지적 발전, 또는 자기 성숙이 일차적 과제입니다. 지적 노동만이 '자살 친화적 경제'에 순응하지 않을 수 있기 때문입니다. 자본주의이니까 어쩔 수 없다는 순응, 더 나아가 순종적 삶은 자본주의 다양성 이론과 실제에 비춰 보면 아무런 정당성이 없습니다.

한때 신문과 방송에 오르내리다가 다시 잊혀가고 있는 '경제 민주화'는 기실 대한민국 헌법에 새겨진 조항입니다. 다 알다시피 헌법은 '제9장 경제'의 첫 조항인 제119조에서 다음과 같이 선언하고 있습니다.

① 대한민국의 경제 질서는 개인과 기업의 경제상의 자유와 창의를 존중함을 기본으로 한다.

② 국가는 균형 있는 **국민 경제의 성장 및 안정과 적정한 소득의 분배를 유지**하고, 시장의 지배와 경제력의 남용을 방지하며, **경제 주체 간의 조화를 통한 경제의 민주화**를 위하여 경제에 관한 규제와 조정을 할 수 있다.

'경제의 민주화'가 '적정한 소득의 분배'와 더불어 헌법에 명시되어 있습니다. 그뿐이 아닙니다. 재산권에 대한 헌법 23조를 볼까요.

① 모든 국민의 재산권은 보장된다. 그 내용과 한계는 법률로 정한다.

② **재산권의 행사는 공공복리에 적합하도록 하여야 한다.**

③ 공공 필요에 의한 재산권의 수용·사용 또는 제한 및 그에 대한 보상은 법률로써 하되, 정당한 보상을 지급하여야 한다.

법치 국가의 최상위법인 헌법이 재산권의 행사는 공공복리에 적합해야 한다고 명문화해 놓은 사실을 새삼 발견할 수 있습니다. 민주주의는 민중의 자기 통치라는 학문적 개념에 근거해 경제에서도 민주주의를 구현해야 합니다.

헌법 제1장 제1조에서 대한민국의 "모든 권력은 국민으로부터 나온다"도 새삼 새겨 보아야 합니다. '정치권력은 국민으로부터 나온다'고 하지 않고, '모든 권력은 국민으로부터 나온다'고 명문화한 것은 권력이 단순히 정치권력만으로 그치지 않기 때문입니다.

헌법 총강의 첫 조항과 경제 부문 첫 조항은 경제 권력도 국민으로부터 나온다는 의미로 이어져 있습니다. 민주주의의 동서

ㄷ

양 어원 모두 민중의 권력, 민중이 주인이듯이 경제 민주화라는 말 그대로 경제 또한 민중이 주인이 되어야 민주주의이지요.

대한민국 헌법 어느 구절에도 '대한민국은 자본이 주인이다' 라거나 자본주의를 해야 한다는 규정이 없습니다. 오히려 '경제 민주화'와 '재산권의 공공복리 행사'까지 명문화하고 있습니다.

기실 자본주의와 시장 경제는 다른 개념입니다. 자본이 이윤 추구를 목적으로 노동인을 고용해서 생산을 조직하는 것이 자본주의이고, 시장 경제란 다양한 경제 주체들에 의해서 경제 활동과 자원 배분을 조정하는 체제를 말합니다.

자본주의 아닌 시장 경제도 얼마든지 가능합니다. 실제로 자본주의 이전에 고대부터 오랜 세월에 걸쳐 시장은 존재했고, 21세기 중국 공산당은 사회주의 시장 경제를 내걸고 있습니다. 그 선도자인 덩샤오핑은 "사회주의에도 시장이 있으며, 자본주의에도 계획이 있다"고 강조했습니다.

따라서 문제의 핵심은 시장 경제가 강조하는 '경제 주체로서 개인의 자유로운 선택'을 어떻게 보장할 것인가에 있습니다. 모든 것을 시장에 맡겨 놓으면 사람들이 실질적으로는 자유롭지 않기 때문입니다.

스티글리츠의 지적처럼 시장이 '불평등을 생산하는 장치'가 아니라 실제로 자유롭고 효율적으로 돌아가려면, 모든 사람이 실질적인 자유를 누리며 공정한 경쟁을 벌일 수 있어야 합니다. 따라서 경제적으로 강한 쪽의 힘은 통제하고 경제적 약자는 보호하는 '정부 개입'이 필요합니다. 바로 그것이 헌법 119조가 말하는 경제 민주화 논리이지요.

경제 민주화를 인문학적으로 '운칠기삼의 논리'에서 찾기도 합니다. 운칠기삼(運七技三)은 문자 그대로 운이 70% 재주가 30%라는 뜻이며 아무리 노력해도 일이 이루어지지 않거나, 노력을 들이지 않았는데 운 좋게 어떤 일이 성사되었을 때 쓰는 말입니다. 중국 포송령(蒲松齡)의 『요재지이』(聊齋志異)에서 유래하는데요. 한 선비가 자신보다 뛰어나지 못한 이들은 해마다 과거에 급제하고, 자신은 늙도록 계속 낙방해 패가망신하자 옥황상제에게 그 이유를 따져 묻습니다. 옥황상제는 정의의 신과 운명의 신에게 술 내기를 시키고, 정의의 신이 많이 마시면 선비가 옳고, 운명의 신이 많이 마시면 세상사 그런 것이라 생각하고 체념한다는 다짐을 선비에게 받았습니다. 내기에서 정의의 신은 석 잔밖에 마시지 못하고, 운명의 신은 일곱 잔을 마셨지요. 옥황상제는 세상사는 정의가 아니라 운명에 따라 이뤄지지만, 엄연히 30%도 중요하므로 운만이 모든 걸 지배하는 것은 아니라며 선비를 돌려보냈습니다.

사실 조금만 주위를 돌아보아도 운칠기삼을 실감할 수 있습

ㄷ

니다. 운이 좋아 잘 풀리는 사람도 있고, 정반대인 사람도 있습니다. 더러는 게으름이 빈곤의 원인이라고도 하지만 여기에도 운칠기삼의 논리는 작동합니다. 부모의 유전자든 어린 시절의 나쁜 환경이든 게으름을 반드시 당사자의 책임만으로 돌릴 수 없기 때문입니다. 바로 그렇기에 철학적으로 연대와 나눔, 경제적으로 '분배 정의'를 비롯한 경제 민주화가 필요합니다.

경제 민주화는 분배의 정의에 국한하지 않습니다. 자본과 노동 사이에 힘의 불균형을 해소해야 옳지요. 따라서 소련과 동유럽 공산주의 체제가 붕괴한 뒤 '역사의 종말'을 선언하거나 '티나식 사고'는 바람직하지 않을뿐더러 사실과도 맞지 않습니다.

자본주의와 시장 경제는 다르다는 논리를 짚어 보았지만, 전 지구적 자본주의의 환상을 『가짜 여명』(False Dawn)으로 비판한 정치 경제학자 존 그레이는 "민주주의와 자유 시장은 동반자라기보다 경쟁자일 수밖에 없다"고 강조했습니다. 그레이는 시장의 자유가 목적이 아니라 인간의 목적을 위해 시장의 자유가 고안된 것이라는 사실을 잊지 말아야 한다며 "시장이 인간에게 복무해야지, 인간이 시장에 복무해서는 안 된다"고 단언했습니다.

요컨대 자본주의를 사람이 생존하려면 시장에서 노동력을 끊임없이 재생산해야 하는 체제로 정의한 보론(Boron)도 분석했듯이, 자본주의는 민주주의에 극복할 수 없는 한계를 부과합니다.

자본주의에 민주적 통제가 필요한 이유입니다. 자본주의가 다양한 만큼 그것을 넘어서는 길도 다양할 터입니다. 어쨌든 자본의 갑질을 뿌리 뽑고 자본에 대한 민주주의적 통제가 가능하려면 노동인들의 지적 발전과 연대가 선결 조건입니다.

ㄷ

3

아들딸의 미래
- 2050년

2020년대 일터에 들어온 1990년대생 새내기 노동인들과 함께 2050년을 상상해 보고 싶습니다. 새내기들에겐 30년 뒤가 까마득히 멀어 보이겠지요. 하지만 세월은 한줄기 바람처럼 빠르게 지나갑니다. 직장을 잡은 새내기 노동인들은 얼마 가지 않아 사랑하는 사람과 아이를 낳겠지요. 얼마나 귀엽겠어요. 그 아이들이 오늘의 새내기처럼 일터로 들어올 시대가 2050년대입니다.

이분법을 넘어 더 나은 세계로

그 시대는 어떤 풍경일까요? 2050년을 맞아서도 자살률 1위, 연간 노동 시간 1위, 비정규직 비율 1위, 출산율은 꼴찌인 살풍경 사회일까요? 유아 시절부터 60대까지 국민 대다수가 '각자도생(各自圖生)'의 살인적 경쟁에 내몰리는 나라일까요? 잘사는 20%는 눈덩이처럼 재산을 불려가고 80%는 점점 생활이 어려워지는 을씨년스런 세상일까요?

물론, 저는 당신과 달리 살아서 2050년을 맞을 확률이 높지 않습니다. 하지만 그때도 지금 같은 세상이라면 도저히 편히 눈감을 수 없을 것 같습니다.

그런데 거꾸로 2020년과 1990년을 비교해보면 크게 달라지지 않은 듯합니다. 애석하게도 그 말은 2050년의 세상도 그 연장선이 될 가능성이 높다는 뜻이기도 합니다.

미국과 영국의 상공인들은 소련과 동유럽 공산주의 체제가 무너진 1990년대부터 본격적으로 지구촌의 모든 나라를 '기업들 사이의 경쟁'으로 압박했습니다. 그것을 '신자유주의' 이데올로기로 뒷받침한 세력은 경제에 정부 개입은 금물이고, 시장과 기업이 국민의 삶을 좌우한다고 내내 주장해 왔습니다.

그 결과 경제뿐만 아니라 사회에서 기업, 특히 국제적인 대기

ㄷ

업의 비중이 커지면서 '기업에 의한 사회의 식민화' 현상마저 나타났지요. 한국에선 그 목소리가 한층 증폭됩니다. 휴전선 이남은 땅이 좁고 지하자원도 없고 수출로 먹고살 수밖에 없다는 거죠. 더구나 휴전선 이북엔 호전적인 세력이 핵무장까지 하고 있으므로 지금 이 체제가 최선이고 다른 대안은 없답니다.

사뭇 자신만이 현실을 똑바로 본다는 듯이 자부하는 윤똑똑이들의 '신념'인데요. 작금의 한국 경제를 움직여 가는 대기업 자본과 그들의 이익을 대변해 온 정치 세력의 논리는 언론계와 학계를 통해 국민 대다수에게 유포됨으로써 여론의 헤게모니를 쥐고 있습니다.

다른 대안이 없다고 주장하는 세력의 헤게모니는 소련과 동유럽 공산주의 체제의 붕괴, 조선민주주의인민공화국의 대량 아사를 겪으며 더 견고해졌습니다. 하지만 이제 저들이 만들어 놓은 여론, 저들의 헤게모니에 정면으로 물어야 합니다, 당신들이 말하는 '유일한 대안'인 "지금 이 체제"는 어떤 체제인가를. 몇몇 수출 대기업은 천문학적 이익을 해마다 누리지만 전체 기업의 90%는 늘 위기인 체제를 말하는가를. 자살률과 노동 시간, 산재 사망률과 비정규직 비율이 두루 1위인 나라를 말하는가를.

저들처럼 현실을 '신자유주의자' 아니면 '공산주의자'라는 이분법으로 바라볼 때, 자칫 우리는 삶의 부분적 현실을 진실로 받아들이는 잘못을 범하게 됩니다. 그 잘못은 개인적 차원에 그치지 않지요. 지금 이 순간 신자유주의 체제와 분단 체제에 살고 있는 사람들의 삶의 질과 곧장 이어지거든요.

거듭 강조합니다만 신자유주의와 공산주의 사이에 다른 세계로 나아가는 길이 있습니다. 자본주의는 다양합니다. 새로운 세상을 열 가능성도 그만큼 다양하게 모색할 필요가 있습니다.

신자유주의를 넘어선 대안을 만들자는 민중의 뜻을 모아 싱크탱크를 설립해 6년 동안 운영하며 노동 중심 성장론과 소득주도 성장론을 출간—자세한 내용은 사단법인 새로운사회를 여는연구원이 2012년 낸 『리셋코리아』와 저자가 쓴 『무엇을 할 것인가』 참고—한 뒤, 대한민국에서 새로운 대안의 소통을 가로막고 있는 세력의 정체를 새삼 뼈저리게 절감할 수 있었습니다. 새로운 정치 경제 체제는 물론, 작금의 정치 경제 체제와 다른 세상에 그 어떤 상상력도 적대시하거나 억압하는 그들은 현존의 정치 경제 체제에서 한껏 이익을 만끽하는 기득권 세력입니다.

자본주의 다양성 이론에서 판단할 때 '기업 사회'론이나 기업 중심의 국가 경쟁력은 이데올로기에 지나지 않습니다. 세계화를 주도하는 자유 시장 경제 체제와 사회적 시장 경제 체제에서 일터와 일상적 삶의 풍경은 동일하지 않기 때문입니다.

ㄷ

미국식 신자유주의 모델이 경쟁력의 관점에서도 유리한 것은 아니라는 사실 또한 경험적 사실로 분명해졌습니다. 미국의 금융 위기 이후 자본주의 경제의 세계적 침체 국면에서 가장 건실하게 발전해 나가고 있는 나라는 다름 아닌 독일입니다.

노동인들이 높은 임금을 받고 노동조합이 왕성하게 활동하는 나라의 기업들이 세계 경제 무대에서 얼마든지 경쟁력을 발휘할 수 있다는 사실을 사회적 시장 경제인 독일의 제조업에서 확인할 수 있습니다. 독일에서 직접 생활하며 기업 내부 구조를 짚어본 미국 변호사 게이건은 "노동인들이 높은 임금을 받고 노동조합이 왕성하게 활동하는 나라만이 세계 무대에서 승리할 수 있다"고 장담합니다.

물론, 애플과 구글처럼 IT에서 미국 기업의 경쟁력은 여전히 높습니다. 달러를 언제든 찍어 낼 수 있기에 자본력도 막강합니다. 그러나 양질의 일자리를 가장 많이 창출하는 제조업의 경쟁력은 단연 독일이라는 점에서 우리가 어떤 경제 체제를 일궈가야 할까에 새삼 확신을 얻을 수 있습니다.

미국의 기준에서 볼 때 독일 노동 시장은 결코 '유연'하지 않습니다. 더구나 노동인의 경영 참여가 법적으로 보장되어 대기업조차 최고 의사 결정 기구인 감독 이사회의 절반이 노동인 몫입니다. 그런데도 세계적 경쟁력을 과시하고 있습니다.

1970년대 후반부터 미국과 영국의 신자유주의자들은 노동조합이 약화돼야 기업과 산업을 살릴 수 있다고 내내 주장했습니다. 미국과 영국이 바로 그렇게 했습니다. 비용 면에서 경쟁력을 지녀야 한다면서 노조를 잇달아 파괴했습니다. 그 결과, 단기간 내에 산업 기반이 완전히 무너지고 말았지요.

독일, 프랑스, 스웨덴은 노동조합을 공격하는 대신 높은 노동비용 부담을 이겨내기 위해 고부가가치 제품 중심으로 산업 구조를 재편했습니다. 노동 비용이 높은 독일은 제조업 경쟁력이 더 강화되는 반면, 노동 비용이 너무 낮은 영국과 미국은 결국 제조업을 버린 꼴이 되었습니다.

정치와 경제를 어떻게 조합하느냐에 따라 다양한 체제가 가능합니다. 시장은 진공 상태에 놓여 있지 않습니다. 정치의 영향을 받으니까요.

현실을 냉철하게 들여다보면, 정치는 대체로 부유층에게 혜택을 주는 방향으로 시장에 영향을 끼쳐 왔습니다. 그럼에도 신자유주의를 신봉하는 세력은 '정치는 경제에 개입하면 안 된다'고 주장하면서 정작 자신들은 정치적 보호와 지원으로 특권을 누리는 이중적 태도를 지니고 있습니다.

부의 불평등을 심화시키는 신자유주의는 지속 가능한 발전을 이룰 수 없고 실제로 2008년 미국의 금융 위기와 세계적 경제

ㄷ

침체를 불러왔습니다. 위기를 맞자 대규모 공적 자금을 금융 기업과 대기업에 투입할 수밖에 없었지요. 민중들이 낸 세금을 쏟아 부어 기업들을 살린 미국은 신자유주의 틀을 그대로 유지하고 있습니다.

단 한 사람도 소외되지 않는 세상

세계적 금융 위기와 뒤이은 경제 침체에서도 꾸준히 성장해 온 독일과 북유럽 국가의 사회적 시장 경제처럼 지속 가능한 발전을 이루려면 객관적 조건이 필요합니다. 그 문제를 탐색할 때 권력 자원(power resource) 이론이 유용한데요. '권력 자원'은 한 사회 내에서 어떤 행위자나 집단적 행위자가 다른 행위자를 보상하거나 처벌할 수 있는 능력을 갖는 원천입니다.

자본의 권력 자원은 생산 수단이겠지요. 그럼 다수인 노동인과 민중의 권력 자원은 무엇일까요? 다름 아닌 사람들입니다. 민주주의적 제도를 이용한 조직화이지요. 노동조합과 진보 정당은 노동 시장과 정치라는 두 영역에서 각각 노동인들을 대표하는 조직으로, 이 조직들이 강력할 때 복지 국가의 발전이 가능해집니다.

노동의 권력 자원은 노동조합 조직률과 중앙 집중성, 노동조합에 기반을 둔 정당의 의석수와 집권 기간으로 측정될 수 있습니다. 권력 자원 이론을 처음 제시한 코르피(Walter Korpi)의 핵심 명제가 있지요. "재분배적인 포괄적 복지 국가"를 만들려면 "국가 복지를 절실히 필요로 하는 사회 경제적 약자들이 정치적으로 잘 조직화되어 집권해서 복지 프로그램들을 확대해야 한다"가 그것입니다.

노동의 권력 자원이 클수록 복지 국가가 발달하는 까닭은 명쾌합니다. 복지 국가란 자본주의 사회의 노사 사이에 벌어지는 분배 투쟁의 결과이거든요. 자본주의 사회에서 노동과 자본의 분배 몫은 일차적으로 시장에서 결정됩니다. 생산 수단의 소유 여부에 따른 불평등을 반영하겠지요. 복지 국가는 '사회 임금'을 제공함으로써 그 분배 몫을 변형시킬 수 있습니다. 사회 임금은 시장 임금이 내포하고 있는 분배의 불평등을 교정하는 정책입니다.

물론 복지 확대를 위한 시민운동 또한 일정한 역할을 할 수 있습니다. 다만 시민운동 조직들은 노조와 달리 다양한 이질적 이해관계를 갖는 구성원들로 이루어져 있지요. 특정한 생산 조직 속에서 매일매일의 상호 작용을 통해 정치적 정보와 의식을 교환하며 공동의 집합 의식을 발전시키기 어렵습니다. 한국에선

ㄷ

시민운동이 공연히 노동 운동과 선을 긋기도 합니다. 시민들 대다수가 실은 노동인인데도 그러더군요.

통계적으로 빈곤 인구의 비율이 낮고 불평등도 낮으며 비정규직도 작은 나라, 투표율이 높고 인권 및 자유화 지표도 좋으며 소수자와 이주민에 권리 부여 정도가 높고 장관의 여성 비율도 높은 나라, 기대 수명이 높고 불법 약물이나 정신 질환이 낮은 나라, 사회적 유동성이 높아 기회의 평등을 이룬 나라, 강력 범죄율과 재소자 비율이 낮은 안전한 나라들의 공통점은 뚜렷합니다.

국가 간 민주주의 성취를 통계적으로 조사 연구한 성과들을 종합하면, 노동조합의 힘이 강한 나라일수록, 진보 정당의 경쟁력—집권했던 기간, 득표 경쟁력—이 큰 나라일수록 좋은 지표를 갖고 있습니다.

정치학자 박상훈은 『정치의 발견』에서 "좋은 사회, 좋은 정치란 보수 정당만이 아니라 진보 정당도 집권할 수 있는 민주주의, 노동의 시민권이 기업 운영, 노사 관계, 정당 체제의 차원에서 폭넓게 받아들여지는 민주주의에 있다"고 말합니다. 노동을 배제하는 정도가 덜할수록, 노동에 근거한 진보 정당도 상당한 득표를 하고 집권할 전망도 높을수록 그 나라에서 민중은 더 자유롭고 평등하고 건강하고 평화롭게 살 가능성이 높습니다. 박상훈은 '보수와 진보가 좋은 경쟁의 체제를 발전시키는 것이야말로, 민주 정치의 발전에 핵심 중의 핵심'이라고 강조합니다.

그런데 4차 산업 혁명이 논의되는 사회로 접어들면서 노동인들의 분화와 이질화가 점점 심화되고 있습니다. 복지 문제에 대한 이해관계 역시 불일치하는 경우가 많기에 연대나 연합을 이룰 수 있는 정당의 역할이 점점 더 중요해집니다.

특히 대한민국에서 노동조합은 권력 자원의 가늠자로 제시되는 조직률과 집중성에서 몹시 취약하기에 정당의 중요성이 더 클 수 있습니다. 사회적 시장 경제와 복지 국가를 이루는 객관적 조건으로 노동조합과 진보 정당이 중요하다는 사실을 살펴보았지만, 대한민국은 둘 다 미약합니다. 여기서 노동조합을 건강하게 만들어가는 일도, 그에 근거한 진보 정당이 보수 정당과 정권을 주고받을 수 있을 정도로 강력하게 자리 잡는 일도 그것을 담당할 주체는 바로 노동인들입니다.

일찍이 아리스토텔레스가 인간을 정치적 동물로 정의한 이유는 인간만이 정치 행위를 한다는 뜻에 머물지 않지요. 정치를 떠나 인간은 존재할 수 없다는 뜻입니다.

무릇 인간은 정치를 떠나 살아갈 수 없습니다. 토굴의 선승이라 해도 의식주는 그가 속한 사회에서 제공받아야 합니다. 그런데 사회는 정치 없이 유지될 수 없거든요. 따라서 우리에게 유익하도록 정치를 선용할 수 있어야 하고 그 길을 찾아야 합니다.

ㄷ

정치를 부도덕하거나 타락한 세계로 여기며 혐오감을 갖게 하는 것은, 민주주의를 두려워하는 세력이나 기득권 세력이 상습적으로 사용하는 전략입니다. 박상훈은 "빈곤과 불평등으로 고통받고 있는 가난한 사람들과 사회적 약자들도 정치에서 가능성을 발견할 수 있게 하는 일"이야말로 민주주의의 이상과 가치에 다가가기 위한 길이라고 역설합니다.

정치에 대한 외면이나 무관심은 옳지 않습니다. 한 사회에서 살아가는 사람들의 일상을 정치가 틀 지우고 있기 때문입니다. 정치적 깨달음은 정치에 대한 인식론적 혁명을 뜻합니다. 정치에 대한 인식에 혁명적 전환이 필요하다고 한 이유는 정치를 심리적으로나 도덕적으로 혐오하게 만드는 지배적 이데올로기와 맞서야 하기 때문입니다.

새내기 노동인들이 정치에 무관심할 때 우리는 신자유주의 체제가 글로벌 스탠더드라고 믿으며 40%의 비정규직, 자살률 세계 최고, 출산율 세계 꼴찌, 세계 최장의 노동 시간 따위를 어쩔 수 없는 자본주의 현상으로 여기게 됩니다. 저는 그것을 '정치 무관심의 정치'라고 개념화해 왔습니다. 얼마든지 정치 참여로 바꿀 수 있는데도 정치를 혐오만 하는 것은 다름 아닌 자신의 삶에 치명적 오류입니다.

더 나은 세상을 이루려면 객관적 조건으로서 노동 운동과 그에 기반을 둔 정치 운동이 필요합니다. 자본주의는 실제 역사적 경험처럼 도덕적 주장만으로 달라지거나 바뀌지 않았거든요. 복지 국가의 사례에서 보듯이 노동 운동과 그에 근거한 정당의 활동과 집권으로 비로소 자본주의 다양성이 확보됐습니다. 사회적 시장 경제가 신자유주의보다 더 바람직한 체제라면 그것이 가능했던 조건을 성찰하고 실천에 옮겨야 합니다.

모든 사회 구성원에게 사람답게 살 수 있는 권리, 사회권을 보장해 주는 사회를 이루는 과업은 노동조합과 노동인들에 근거한 정당 없이 가능하지 않습니다.

한국의 경제 발전을 보는 눈은 비관과 낙관이 공존합니다. 대한민국이 30-50클럽에 7번째 들어간 나라라고 보는 쪽에선 자부심을 가질 수 있습니다. 하지만 850만 명이 넘는 비정규직, 최장의 노동 시간, 자살률 최고와 출산율 꼴찌의 통계에 주목한다면, 과연 한국 경제가 지속 가능한 발전을 이룰 수 있을지 회의적일 수밖에 없습니다. 지속 가능한 발전을 이루는 데는 신자유주의로 문제점이 확연히 드러난 자유 시장 경제보다 사회적 시장 경제가 더 적절한 토대입니다.

새내기 노동인들 스스로 노동 운동과 그에 기반을 둔 정당의 논의를 묻어 두거나 외면할 것이 아니라 적극 제기하고 참여함으로써 우리 사회의 인식과 여론을 바꿔 가야 합니다. 그런 주체

ㄷ

적 조건을 갖춘 노동인들이 전체 노동인구 가운데 많으면 많을 수록, 바로 그만큼 '단 한 사람도 소외되지 않는 세상'이라는 지속 가능한 발전 개념도 현실성을 지닐 것입니다.

통일 민족 경제의 가능성

새내기 노동인들이 다른 세상을 사유할 때 꼭 독일이나 스웨덴의 사회적 시장 경제를 영구적 모델로 전제할 이유도 그럴 필요도 없습니다. 독일이나 스웨덴도 문제점을 안고 있기 때문입니다. 사회적 시장 경제 또한 고정된 실체가 아니라 다양하게 구현할 수 있을 것입니다.

더구나 우리 아들딸의 미래를 생각할 때 한국의 노동인들은 분단 현실도 직시해야 합니다. 남북으로 갈라진 분단이 우리의 삶에 끼치는 영향이 크니까요. 분단이 지속되는 한 당장 새내기 노동인들의 아들도 군복무를 해야 합니다. 창의적 감수성이 샘솟을 나이에 상명하달의 군사 문화에 흠뻑 젖어드는 거죠.

그뿐이 아닙니다. 분단 이후 내내 늘어난 남과 북의 군사비는 21세기에 들어서서도 두 나라의 경제 발전에 큰 주름살입니다. 국방 예산만이라도 남쪽의 민중과 북쪽의 인민들에게 사회 복지 예산으로 쓸 수 있었다면, 오늘날 남과 북의 노동인들이 살아가는 현실은 사뭇 달랐을 터입니다.

그렇다면 새내기 노동인들은 분단과 통일을 어떻게 바라보아야 할까요? 남과 북을 떠난 시각에서 분단을 짚어 보면 조금 더 객관적으로 접근할 수 있습니다.

미국 국가정보자문회의(NIC, National Intelligence Council)의 보고서를 살펴볼까요. NIC는 21세기가 열리던 2000년 12월에 발간한 '글로벌 트렌드 2015' 보고서에서 2015년에는 남과 북이 통일하고 동북아에서 강력한 군사력을 보유하리라고 전망했습니다.

보고서는 그렇게 전망한 근거를 명확하게 밝히진 않았는데요. 그 보고서가 작성된 2000년에 남북 정상 회담이 이뤄지고 6·15 공동 선언이 발표된 사실에 주목하면 어렵지 않게 짐작할 수 있습니다. 딴은 당시 국내에서도 낙관적 분석들이 적지 않았지요. 2000년 김대중-김정일 정상 회담으로 6·15 공동 선언이 발표되었을 때는 물론, 2007년 노무현-김정일 정상 회담으로 10·4 선언이 발표되었을 때도, 2009년 미국에 오바마 정부가 들어설 때도 남과 북은 이미 통일의 길에 들어섰다는 담론들이 줄을 이었습니다.

그런데 NIC는 2012년에 발간한 '글로벌 트렌드 2030'에서 과거의 보고서 내용을 대폭 수정했습니다. 남북통일 문제를 놓고

ㄷ

미국과 중국 사이에 팽팽한 교착 상태가 빚어지면서 한국은 경제를 위해서는 중국을, 안보를 위해서는 미국과 긴밀한 관계를 유지할 것이라고 전망했습니다. 남과 북이 2015년에 통일을 이루리라고 보았던 미국 국가정보자문회의가 2030년에도 남북 사이에 긴장이 이어질 것으로 전망한 것은 민족의 미래가 그만큼 어둡다는 방증입니다.

따라서 주관적 희망과 예단으로 제시하는 낙관적 통일 전망에서 벗어나 분단에 대한 정확한 현실 인식이 중요하지요. 우리는 NIC가 2015년에 남과 북이 통일하리라고 본 2000년 전망이 왜 어긋났는지를 새로운 시각에서 분석할 수 있습니다.

남북이 2015년에 통일되리라고 전망한 보고서가 작성되고 있을 시기에 미국은 대선을 치렀고 2001년 1월 조지 부시 정부가 들어섰습니다. 2009년 1월까지 8년 동안 집권한 부시 정부는 김대중 정부의 대북 화해 정책을 견제하는 동시에 북을 이라크, 이란과 더불어 '악의 축(Axis of Evil)'국가로 규정했습니다. 부시 정부는 북을 '폭정의 전초 기지'로 몰아세우고 '체제 전환'을 거론하며 8년 집권 내내 적대적 정책을 폈지요.

공화당 부시 정부에 이어 들어선 민주당 오바마 정부의 대북 정책은 전임자의 적대적 정책과 크게 다르리라 기대했지만, 그가 대통령에 취임할 때 남쪽은 이미 이명박 정부가 들어서서 대

결주의로 정책을 전환해 가고 있었습니다. '북핵 위기'는 그 부산물입니다.

미국 부시 정부의 대북 적대 정책과 그에 동조한 남쪽 내부의 반북주의 세력으로 남북 관계는 6·15 공동 선언을 발표한 시점에서 점점 후퇴해 갔습니다. 남과 북이 6·15 공동 선언에 근거해 민족 화해와 민족 경제의 균형 발전을 숙의하고 실행에 옮겨 가야 할 중요한 시기에 미국의 힘이 강력하게 작용했지요.

미국은 공화당 정부든 민주당 정부든 중동 지역의 석유 자원을 통제하는 데 주저함이 없듯이, 세계 자본주의 체제의 초강대국으로서 21세기에도 자신의 지위를 유지하거나 강화해 나가려는 목표를 지닌 패권주의 국가라는 명확한 사실을 인식해야 합니다. 미국의 패권주의는 배제하거나 가볍게 보아서는 안 될 상수로 존재합니다. 앞으로 미국의 패권을 견제해 갈 중국이 북과 국경을 맞대고 있기에 더욱 그렇지요.

남과 북에는 세계 자본주의 체제와 한반도 사이에 불균등 발전, 남과 북 사이에 불균등 발전, 남과 북 각각 내부의 불균등 발전이 겹쳐 있습니다. 남쪽은 1997년 IMF 구제 금융을 받은 뒤 신자유주의적 경제 체제가 견고하게 자리 잡았고, 북쪽은 미국과의 국교 정상화를 이루지 못한 채 북미 핵 문제를 둘러싼 갈등을 계속 이어가며 군사력 강화에 그렇지 않아도 빈약한 재정

ㄷ

을 쏟아붓고 있습니다.

그럼에도 남과 북의 사회 구성원들이 통일에 당위론을 펴면서도 실제로는 무관심이나 거부감까지 보이는 이유는 지금까지의 통일 담론들이 자신과 큰 관련이 없는 체제·이념·제도의 차원에서 주로 이야기해 왔기 때문입니다.

그래서인데요. 새내기 노동인들이 남과 북의 현재 경제 체제를 넘어서는 '통일 민족 경제'를 상상해 보길 권합니다. 통일 민족 경제는 현재의 남과 북이라는 '지역 경제'를 단순히 합치는 개념이 아닙니다. 역사적으로 남과 북을 아우르는 경제 발전 구상은 단 한 번도 없었지요. 왕조 시대에서 식민지로, 다시 분단으로 역사가 뒤틀려 왔기 때문입니다.

남과 북의 경제 발전이 지닌 한계에 주목하는 통일 민족 경제론은 한반도 경제권에 대한 총체적인 구상입니다. 2020년 현재 남과 북의 인구를 합치면 7600만 명에 이를 터이기에 적정한 내수 기반을 갖출 수 있어서 과도하게 수출에만 의존해 온 경제 체제에서 벗어날 수 있습니다. 더구나 북쪽의 풍부한 지하자원과 노동력을 활용하며 균형적인 발전을 추구할 수 있지요. 통일 민족 경제는 비현실적 몽상이 아닙니다.

남과 북이 '정치적 통일' 이전 단계로 통일 민족 경제를 구현해 나갈 때, 남쪽은 불균등 발전을 심화해 온 '신자유주의적 세계 체제'에 맞설 내부 토대가 분단 체제일 때보다 훨씬 튼실해집니다. 북쪽 또한 세계 자본주의 체제가 압박하고 있는 '경제 봉쇄'를 넘어설 수 있습니다.

통일 민족 경제는 불균등 발전으로 인한 남쪽 민중과 북쪽 인민의 고통을 해소해 나가는 과정에서 형성될 수 있습니다. 남과 북의 8000만에 가까운 인구를 기반으로 균형 발전을 일궈 갈 주체를 사유해야 할 이유가 여기 있습니다.

통일 민족 경제를 일궈 내려면 세계 자본주의 체제와 남북 사이의 불균등, 남과 북 사이의 불균등, 남과 북 각각 내부의 불균등이 빚어낸 고통을 인식하고 그것을 치유해 가겠다는 철학과 실천 의지를 남과 북의 사회 구성원들이 보편적으로 갖춰야 합니다. 그 길에 새내기 노동인들이 앞장서야 합니다. 물론, 서두르지 말고 긴 호흡이 필요하지요.

정치적 통일 이전에 남과 북을 아우른 경제권을 구현한다면, 세계 자본주의 체제와 능동적이고 주체적으로 소통하며 교류할 가능성이 높아집니다. 통일 민족 경제가 형성되어갈 때, 신자유주의적 세계화에 맞서는 동아시아 지역 공동체의 형성도 추동해 갈 수 있습니다.

몽상이 아닙니다. 인터넷으로 이어진 지구촌은 수많은 사람들의 열정이 차곡차곡 쌓이며 이미 조금씩 바뀌고 있거든요.

ㄷ

2020년 1월 21일부터 나흘 동안 스위스 다보스에서 열린 세계 경제포럼(WEF·다보스 포럼)의 주제는 '결속력 있고 지속 가능한 세계를 위한 이해관계자들'이었는데요. 이 행사를 주관한 클라우스 슈바프 WEF 회장은 "기업계는 이제 이해관계자 자본주의를 전적으로 받아들여야 한다"고 역설했습니다.

마침내 세계경제포럼조차 바뀌고 있는 거죠. 이해관계자 자본주의는 앞서 새겼듯이 주주(shareholder)뿐 아니라 모든 이해관계자(stakeholder)들, 곧 노동인, 고객, 사업 동반자, 지역 공동체의 만족을 기업 경영 목표로 중시합니다. 쉽게 말해 주주를 위한 배당이나 임원 보수보다는 노동인들의 해고를 피하고 거래처를 우선 배려하지요.

자본의 이익을 줄곧 대변해 온 다보스포럼의 '변화'는 반가운 일입니다. 다만 지나친 낙관은 금물이지요. 스티글리츠가 "광범위한 입법 노력이 없는 이해관계자 자본주의 논의는 말장난에 가깝다"고 논평했듯이 실천으로 이어져야 합니다.

갈 길은 아직 멉니다. 특히 한국은 더 그렇지요. 이를테면 조선일보는 다보스포럼 뉴스를 전하면서도 여전히 '이해관계자 자본주의'에 상당한 경영 비효율성과 폐해가 발생한다는 지적이 많다고 보도합니다. 연세대 경제학과 교수 성태윤은 "이해관계자들의 입장을 반영하는 것은 바람직하지만 이해관계자들이 경영 결정에 직접 참여할 경우 그 기업은 사회주의로 변질된다"고 주장합니다.

자본의 이익을 대변해 온 다보스포럼 회장의 말조차 "사회주의"로 색깔을 칠하는 저 유력 언론과 유력 사립 대학 경제학 교수의 주장은 2020년 현재 진행형입니다. 그들의 주장은 2050년 일터에 들어올 새내기 노동인들의 미래와 직결됩니다. 바로 여러분 아들딸의 미래입니다.

아무런 문제도 없는 완벽한 사회를 상정하는 것은 서양의 유토피아적 사유입니다. 지금을 살고 있는 노동인들이 감당하기에 너무 높은 이상을 내걸고 실행에 옮기다가는 좌절할 수밖에 없습니다. 자유와 평등이 사랑으로 넘실대는 새로운 사회는 사회 경제적 조건 못지않게 그 사회를 이루고 뒷받침할 주체의 형성 없이 가능하지 않기에 더 그렇습니다. 평생을 노동인들에게 바친 철학자가 강조했듯이 "인류는 언제나 해결이 가능한 문제만 맡는다"는 경구도 같은 맥락이겠지요.

지금 우리와 살고 있는 노동인들, 민중들과 더불어 한 걸음 한 걸음 나아가야 합니다. 그렇게 가다 보면 언젠가 우리 아이들은 지금보다 훨씬 아름다운 세상에서 살 수 있지 않을까요.

정중히 권합니다. 자, 우리 딸과 아들이 살아갈 '아름다운 집'을 그려 보세요.

ㄷ

더 나은 세상으로 가는 다리 '깊은 소통'

복지 국가의 대명사로 불리는 나라, 스웨덴입니다. 물론 그 나라도 문제점이 있겠지요. 한국이 추구할 유일한 모델일 필요도 없습니다. 다만 한국 자본주의에서 살아가는 삶과는 다른 사회적 삶이 가능하다는 사실을 생생한 현실로 웅변하고 있다는 점에서 눈여겨볼 필요는 있지요.

자본이나 그들을 대변하는 언론들은 스웨덴에서도 '발렌베리'라는 대재벌이 있다고 강조합니다. 그럼에도 그 나라에선 재벌을 비판하지 않는다며 한국의 반기업 정서를 새삼 질타합니다. 스웨덴에서 발렌베리 그룹의 경제적 비중이 한국의 삼성보다 큰 것은 사실입니다. 금융, 건설, 항공, 가전, 통신, 제약 사업까지 스웨덴 주식 시장 시가 총액의 40%, 국내 총생산의 30%를 차지합니다. 소유주인 발렌베리 가문이 150년 넘도록 경영해 오고 있음에도 그들에 대한 여론이 삼성과 대조적일 만큼 다른 것도 사실입니다.

그런데 거기엔 정당한 이유가 있습니다. 발렌베리 가문은 기업을 물려받을 경영 승계의 조건을 명확히 내걸고 있거든요. '스스로 자신의 능력을 입증하라'는 원칙에 따라 10년이 넘게 걸리는 길고 까다로운 검증 과정을 거쳐 승계자를 정합니다.

무엇보다 주목할 지점은 승계자들이 노동인들에게 지켜야 할 원칙입니다. "노동은 경영 파트너"이므로 반드시 노동조합 대표를 이사회에 중용합니다. "기업의 생존 토대는 사회"라며 "이익의 85%를 사회에 환원해 대학, 도서관, 박물관 건립 등 공공사업에 투자"합니다.

과연 그럴 만한 의지가 있는 기업이 한국에 있을까요? 그럴 뜻이 없다면 제 핏줄에 세습하는 중세적 경영 체제에서 과감히 벗어나야 합니다.

스웨덴 복지 체제는 저절로 이뤄지지 않았습니다. 밑절미에 '범국민적 학습 모임'이 자리하고 있습니다. 스웨덴은 자신들의 민주주의를 '스터디서클 데모크라시(Studycircle Democracy)'라고 정의합니다.

새내기 노동인들이 새로운 정치 경제 체제를 구현하려는 수고 없이 자녀들의 미래는 밝아지지 않습니다. 노동인 개개인의 지적 발전과 그에 토대를 둔 연대와 단결이 없을 때 민중 개개인은 자본의 논리 앞에 취약할 수밖에 없습니다.

분단국가의 길은 스웨덴의 길과 다를 수밖에 없습니다. 한국의 실정에 적실한 정치 경제 체제를 건축하는 일은 오늘을 살아가는 노동인들이 창조해 갈 과제입니다. 자본과 권력이 만들어 놓은 창백한 질서에 순응하거나 방관하는 데 그치지 않고 싱그러운 욕망과 열정으로 새로운 세상을 열어 가는 일입니다.

ㄷ

지금과 다른 사회, 더 나은 세상을 학습하는 일, 바로 자신과의 소통입니다. 학습한 정보·지식·지혜를 사람들과 나누는 소통이 토론입니다. 학습하고 토론하는 '깊은 소통'이야말로 캐즘(chasm)을 건너 다른 세상에 이르는 다리입니다.

싸울아비의 노래

끝없는 경쟁, 극단적 개인주의, 일상의 사막화, 생활 리듬의 초가속화.

다름 아닌 유럽의 철학자 베라르디가 『죽음의 스펙터클』에서 꼽은 한국 사회의 특징입니다. 충분히 공감하리라 짐작합니다. 물론, 지나치게 비관할 필요는 없습니다. 대한민국은 '30-50 클럽'에 속한 7개국(미국, 일본, 영국, 프랑스, 독일, 이탈리아, 한국) 중에서 제국주의의 '더러운 과거'가 없는 유일한 나라라는 사실 또한 자부할 만한 성취이니까요.

다만 차분히 성찰할 필요는 있겠지요. 우리 아들딸, 손녀 손자조차 '끝없는 경쟁, 극단적 개인주의, 일상의 사막화, 생활 리듬의 초가속화'에 갇혀 불행한 삶을 살아가서는 안 되잖습니까.

독일의 전 총리 헬무트 슈미트의 말을 빌리지 않더라도 자본

ㄱㄴㄷ

주의는 기본적으로 야수의 속성을 가지고 있습니다. 슈미트는 그 야수가 사람을 잡아먹지 못하게 막는 일이 정치의 책무라 했지요. 그런 정치를 만들어 가는 일, 바로 노동인들에게 있습니다. 지금까지 '새내기 노동인 ㄱㄴㄷ' 표제 그대로 일터에서 알아 두면 좋을 상식 또는 교양을 새삼 정색을 하고 살펴본 이유입니다.

쉬운 이야기들이지만 이 책의 밑절미에는 제가 36년 넘도록 노동인으로 일한 경험이 자리 잡고 있습니다. 당연히 저 또한 당신처럼 새내기 노동인이었지요. 1984년 2월에 처음 노동 계약을 맺고 노동인의 길로 들어섰습니다. 결혼해서 서울 외곽의 13평 전세로 시작해 언론 노동으로 두 아이를 키웠고 지금은 사립 대학에서 교육 노동으로 살고 있습니다.

누군가는 언론 노동이나 교육 노동도 노동이냐고 눈 흘길지 모르겠지만 다르지 않았습니다. 자본에 맞서다가 실직할 만큼 힘없는 노동인이기도 했고, 노동조합 위원장으로 파업 신고를 마치고 돌입하기 1분 전까지 조합원들을 단결시키며 노조의 요구를 관철시키기도 했습니다. 때로는 장대비 쏟아지는 날, 막걸리 한 사발 따라 놓고 "나 태어난 이 강산에" 노동인 되어 "꽃 피고 눈 내리기 어언 30년, 무엇을 하였느냐" 나직이 물으며 회한에 잠기기도 합니다.

나가는 말

이 책이 새내기 노동인들에게 제시한 '무기'가 소박하고 무디게 보일 수 있겠지만 그것을 일터에서 실제 실천해 나가려면 신들메를 고쳐 맬 결기가 필요합니다.

첫 대목 '갑질의 뿌리'는 사표를 다섯 번 쓴 경험을 담았습니다. 일터의 자본가는 물론 자본주의 체제 앞에 개개인의 노동인은 무력할 수밖에 없습니다. 갑질에 곧장 맞서 홀로 싸우다가 '전사'하는 무모함보다는 자신과 똑같이 무력한 동료들과 연대하기를 권합니다. 자신처럼 힘없는 노동인들이 뜻을 모아 노동조합을 만들고 자본가에 당당히 자신들의 요구를 내놓는 행동은 대한민국 헌법이 보장하고 있는 권리입니다.

다음 대목 '노동의 권리'는 헌법이 명문화해서 보장하고 있는 권리를 인식하지 못한 채 납세의 의무나 국방의 의무만 정말 충실히 수행하는 노동인들이 절대다수이기 때문에 드리는 권고입니다. 무엇보다 노동인들 자신이 노동인임을 인식하지 않고 있습니다. 제가 일해 온 조직만의 문제는 아니었습니다. 민주노총 조합원들을 대상으로 한 강연에서도 자신을 노동인으로 또렷이 인식하는 노동인은 많지 않다고 느꼈습니다. 그 이유는 분명했습니다. 태어나서 가정 교육, 유치원 교육, 초중고와 대학 교육 어디서도 노동인으로서 정체성을 갖추거나 노동인의 권리를 인식할 수 있는 도움을 받지 못했기 때문이지요.

ㄱㄴㄷ

마지막 대목 '대안과 소통'도 마찬가지입니다. 줄곧 경쟁 체제에서 각자도생으로 살아온 사람들은 '확증 편향'이라는 우물에 갇혀 대안이 있다는 사실을 알지 못하기 십상입니다. 경쟁 체제와 다른 세상이 얼마든지 현실 세계에 존재할뿐더러 더 나은 세상을 꿈꾸는 사람들과 서로 소통할 때 그 꿈은 벅벅이 이루어진다는 진실을 나누고 싶었습니다.

그 또한 경험에 근거하고 있습니다. 흔히 책을 읽지 않는 스마트폰 세대가 90년대생이라고 합니다. 많은 지식인들이 젊은 세대를 두고 문제의식도 비판 정신도 없다고 개탄합니다. 하지만 지난 10년 동안 대학 안에 둥지를 틀고 젊은 친구들과 만나면서 그들에게 '자본주의 다양성' 이야기만 들려주어도 짙어 가는 눈빛을 생생히 마주했습니다. 스마트폰 또한 얼마든지 학습하고 토론하는 소통의 기반이 될 수 있습니다.

학생들과 학술 답사에 나섰을 때입니다. 동학혁명기념관과 독립기념관을 두루 돌아보며 기념사진도 찍고 이야기 나눌 때, '자낳괴'라는 말을 처음 들었지요. '자본주의가 낳은 괴물'을 줄여 이르는 말이 젊은 세대 사이에 회자된다는 이야기에 먹먹했습니다. '돈미새'나 '미낳괴'라는 말도 있더군요.

스마트폰을 통해 젊은 세대 사이에 퍼져 있는 말들에는 경쟁을 다그치는 자본주의에 비판적 시선이 듬뿍 담겨 있었습니다.

나가는 말

1990년대생의 꿈이 9급 공무원이 된 지 오래라며 '개탄'하는 사람들도 적지 않은데요. 그 현상에 담긴 의미를 온새미로 파악한다면 자신의 안일한 실수를 깨달을 터입니다.

안정된 일터를 찾고, 사적인 이윤 추구보다 공적 일을 하고 싶은 생각, 자낳괴나 미낳괴가 되고 싶지 않은 뜻을 옳게 읽어야겠지요. 바라건대 모든 일터가 본인이 원하는 한 '철밥통'이어야 마땅합니다.

자본주의가 다양하다면, 사적인 이윤 추구보다 공적인 일터, 정년까지 안정되게 일하는 일터를 얼마든지 보편화할 수 있습니다. 자본주의를 넘어서는 길도 다양하겠지요. 노동인들이 얼마나 서로 슬기롭게 소통하며 연대하느냐가 관건입니다.

솔직히 지금 책을 펴든 당신은 이미 강인한 싸울아비입니다. 싸울아비, 무사 또는 전사를 이르는 순우리말인데요. 당신은 '신입 사원'이 되기까지 삶의 대부분을 '경쟁'이라는 전장을 누비며 살아왔습니다. 살아온 길이 곧 싸워 살아남은 과정이었지요. 딱히 당신 스스로 경쟁을 선택하진 않았더라도, 또 그것을 즐기지 않았더라도 현실은 분명 치열한 각축을 요구했습니다.

마침내 당신이 새내기 노동인이 된 지금, 저는 '다시 못 올 내 청춘'을 눈시울 붉히며 회고하는 60대 노동인으로서 이 책을 읽는 귀하가 진정으로 위대한 싸울아비이기를 기대합니다. 일터

ㄱㄴㄷ

254

의 갑질에 그 뿌리를 짚고, 노동인으로서 정체성을 찾으며 더 나은 세상을 싸목싸목 노래해 가기 바랍니다.

말 그대로 ㄱ ㄴ ㄷ처럼 쉬운 내용들이지만 실천하기는 만만치 않은 과제라고 말했는데요. 실은 그렇게 어렵기만 한 과제가 아닙니다. 2050년 새내기 노동인이 될 당신의 아이가 세상의 온갖 갑질에 시달리지 않기 위해서라도 노동의 권리와 대안을 몸에 익히고 소통하길 소망합니다. 내내 건강과 건투를 빕니다.

나가는 말